人物形象设计训练教程

形体训练

教程

彭延春 常蕾 编著

U0952148

中国轻工业出版社

体健身训练是以人体科学为基础，
造优美形体，训练仪表仪态，培养道
炼过程。它将美学、医学、体育、人文
蹈、节奏舒缓的形体韵律操以及形体素
造他们的优美形态，培养他们的高雅气
的研究证明，形体健身训练对于人的心
育、教育的手段。在形体健身训练中，
谐的情绪体验，增强人的愉悦感和自信
作、学习效率与生活质量。

序言

形体健身训练是以人体科学为基础，通过徒手或器械练习，锻炼健康体魄，塑造优美形体，训练仪表仪态，培养道德品质的一个有目的、有计划的教学和锻炼过程。它将美学、医学、体育、人文学科融于一体，通过舒展优美的形体舞蹈、节奏舒缓的形体韵律操以及形体素质练习等，对大学生进行综合训练，塑造他们的优美形态，培养他们的高雅气质，纠正生活中不正确的姿态。近年来的研究证明，形体健身训练对于人的心理、情绪有积极的影响，是一种心理治疗和教育的手段。在形体健身训练中，优美的旋律和韵律能给人带来融洽、和谐的情绪体验，增强人的愉悦感和自信心，使人的神经得到松弛，从而提高工作、学习效率与生活质量。

礼仪是一个国家、民族文明程度的重要标志，对个人而言，礼仪则是衡量其道德水准和教养的尺度。教学中把礼仪的基本常识和行为规范作为形体健身课程的主要内容是十分必要的。我们在学生掌握了基本形体训练的基础上进行礼仪课程的教学，会使学生从形体、语言到专业礼仪服务等方面有一个长期、系统、科学的学习。

质的一个有目的、有计划的教学和
科融于一体，通过舒展优美的形体
练习等，对大学生进行综合训练，
，纠正生活中不正确的姿态。近年
、情绪有积极的影响，是一种心理
美的旋律和韵律能给人带来融洽、
，使人的神经得到松弛，从而提高

《形体训练教程》突出“健康第一”的教育指导思想和“以身体练习为主”的课程特点，本着“以人为本”的教育理念，把学生锻炼习惯的养成和健康心理的形成作为首要目标。本教材共分为两大部分，第一部分是关于形体美的理论知识，主要根据人体解剖学、运动生理学知识，阐述了形体健美的内容、标准、理论基础与方法、肌肉解剖学原理等。第二部分是形体健美健身的实践练习，主要介绍了身体各部位肌群的分部锻炼及时下最流行的国际标准舞、健美操、瑜伽、普拉提、街舞等健身运动的基本技术和锻炼方法。

由于编者的水平所限，书中难免出现不妥之处，敬望同行专家和读者指正，以期改正、完善。

彭延春

2010年秋

目录

contents

第三章　礼仪概述

第四章　身势语言

第一章
形体健美常识

第一节　形体健美内容

本章介绍

概述了形体美的内涵及其基本要求和评价形体美的主要标准，详述了人体的解剖生理特点，提出了形体健美练习时应注意的事项。

一、形体美的内涵

长期以来，形体美都被人们所热衷追求。由于所处的时代不同，职业、性别、民族、文化程度等背景的差异，也使得人们对形体美的理解和认识有所不同。从形体美的内涵来看，形体通常是指人体轮廓的外在表现，或人的身体外形的直观表现。形体美是一门艺术，它既可以展现出人体在静态时肢体纬度、骨骼比例、皮肤状况等方面的美，又可以展现出人体在完成站姿、走姿等各种肢体动作时的动态美。

人体只有在形体的静态美和动态美的合理配合下才能显示出外部形态与内部情感的和谐统一美。

二、形体美基本要求

人体的形体美是健、力、美的和谐统一。人体头部的外观形态组成了人的容貌，人体躯干和四肢所组成的外观形态构成了人的身材，包裹人体的皮肤的质地和颜色构成了人的肤质，人的神情特征和肢体语言特征构成了人的气质。根据古今中外相关专家对形体美的不同见解，结合我国国民体质的特点，归纳出形体美应满足以下几点要求：

□ 人体骨骼发育正常，无畸形，身体各部位比例匀称。

□ 头部五官端正、面部红润、眼光有神、头发光泽，颈部挺直而灵活，并与头部配合协调。

□ 双肩对称，男宽女圆，两臂修长，两臂从两侧水平伸直的长度与身高相等。

□ 胸部宽厚，比例协调，男性胸肌圆隆，女性乳房丰满，挺而不垂。

□ 脊柱正视垂直，侧视曲度正常。

□ 腰部近似圆柱形，细而有力。

□ 腹部应平坦。

□ 臀部圆满，微显上翘，不下坠，男性鼓实，女性健而隆。

□ 大腿修长，小腿长而腓肠肌位置高，并稍突出。

□ 足弓高。

第二节　形体健美的标准

一、健康美

世界卫生组织（WHO）提出：“健康不仅仅是躯体没有疾病，而且还要具备心理健康、社会适应良好和道德健康”。健康是形体健美的基础和依托。试想，如果没有健康的躯体和心灵，再符合黄金分割的形体比例和外部形态也无法正常展现。因此，健康美是形体美的首要条件。健康美首先应从骨骼、肌肉、皮肤、五官来体现。骨骼是体形和容貌的支架和基础，骨骼应大小适度，比例匀称。适当的肌肉和脂肪比例，有利于展现四肢的健美与整体的曲线美。健康的肤色和端庄的五官也是健康美的一种体现。其次，健康的心理状态也是健美不可或缺的重要方面，乐观、开朗、遇事积极，善于排解各种不良情绪，使自己在精神层面均处于良好的状态，更能体现健康美。

二、形体美

形体是人的身体外形，形体美是现代人的普遍追求，也已成为现代文明的一种表现。一个人的形体是先天的遗传因素和营养、锻炼以及生活习惯等后天因素双重作用的结果。首先，真正的形体美应该是建立在健康美的基础之上的。如果没有健康的身体和心理，再美的形体也不具有任何意义。其次，形体美来源于科学合理的营养、锻炼及良好的生活习惯，这也是保持青春常驻、健康美丽的重要因素。

女性的形体美离不开女性的特征——丰满而有弹性的乳房、适度的腰围、结实的臀部、健美的大腿、修长的小腿等，这都是体现女性特有曲线的重要部分。从现代审美观点来看，女性的形体美应倾向于骨骼发育正常、体脂比例适当；肌肤嫩滑而富有弹性；双肩对称；脊柱背视正直，侧视曲线正常；胸肌圆隆、丰满而不下垂；腰细而有力，微呈圆柱形，腹部平坦；臀部微呈上翘，不显下坠；下肢修长，两腿并拢时，正视和侧视均无屈曲感。

男性形体美表现在骨骼发育正常，关节不粗大凸起；肌肉发达，皮下脂肪薄；五官端正，与头面部配合协调；双肩对称宽阔，三角肌发达，胸部肌肉轮廓明显；腰部平坦有力；腹部平坦，肌肉轮廓及腱划隐约可见，躯体呈倒三角形，整体上呈现出男性充满力度的体态美。

三、姿态美

姿态美是指姿态、动作的美，是人体各部位动作配合而呈现出来的外部形态的美，它反映一个人的风度和气质，往往是指人体各部位在空间的活动性等方面的特性，体现的是一种动态的美。

对于女性来说，姿态美更能体现女性的气质和风度。一个人的容貌可以通过化妆来改善或修饰，但一个人的姿态却是直接展现在他人面前的，站姿、走姿、一举手一投足都会令人注意，容易给人深刻印象。所以，女性的姿态美是不可忽略的。保持美的姿态可以从以下几点做起：

□ 站的姿势。正确的站姿是姿态美的基础。站立时，两脚应呈丁字步站立，收腹挺胸，两肩自然下沉，头颈、躯干、双腿之间的中线在一条垂直线上，目视前方。

□ 行的姿势。走路时身体要平直，挺胸收腹、步履轻快，同时应尽量足尖先落地，两腿在一条直线的左、右侧交替前行，双手自然地前后摆动，给人感觉协调。

□ 坐的姿势。入座时，臀部应轻柔入座，并坐于椅子的前半部；两脚并拢、双膝自然弯曲；身体须正直，但也不必过于紧张；五指并拢放于膝上；下颚微收，面带微笑；起立时应端庄稳重。

□ 注重自己的举手投足及生活细节。试想一下，如果一个形体很美、五官靓丽的女士在潇洒的走路过程中突然随地吐了口痰，我们对她的印象会怎样？“印象分”肯定会大打折扣，更谈不上姿态美了。因此，女性在日常生活中就应该注意培养和提升自己的内在素质和气质，加强自己的修养，注意自己的言行，在举手投足中都应反映出当今女性内外双修的最高境界。

第三节 人体的解剖生理特点

一、人体肌肉分布

肌肉是身体肌肉组织和皮下脂肪组织的总称，人体的肌肉主要由肌肉组织构成。肌肉收缩是机体的主要活动形式，许多动作的完成都借以此才得以实现。肌肉的基本结构和功能单位是肌细胞，肌细胞形状细长，呈纤维状，故通常又被称为肌纤维。人体内的肌肉组织包括骨骼肌、心肌和平滑肌。人体的肌肉分布简单地说主要由以下几部分组成（图1）：肩部（斜方肌、三角肌），上肢（肱二头肌、肱三头肌、前臂肌），胸部（胸大肌），腹部（腹肌），背部（背阔肌、斜方肌、竖脊肌），下肢（臀大肌、股四头肌、股二头肌、小腿三头肌）。

（一）头颈部

此部分肌肉主要由头肌和颈肌组成，其中头肌又包括表情肌和咀嚼肌。其功能是完成各种面部、头部、颈部动作，包括各种表情、颈部的各种绕环等。

（二）上肢

肱二头肌　位于上臂前面皮下。其功能是弯屈肘部，可使掌心向上、前臂向前，可弯起至肩部。

肱三头肌　位于上臂后面皮下。其功能是使手臂伸直和拉向后方，可做各种手臂的屈伸动作。

三角肌　位于肩部皮下。它是一个呈三角形的肌肉，肩部的膨隆外形即由该肌肉形成。两侧肌肉纤维呈梭形，中部纤维呈多羽状，这种结构肌肉体积小而具有较大的力量。它的功能是近固定时，前部肌纤维

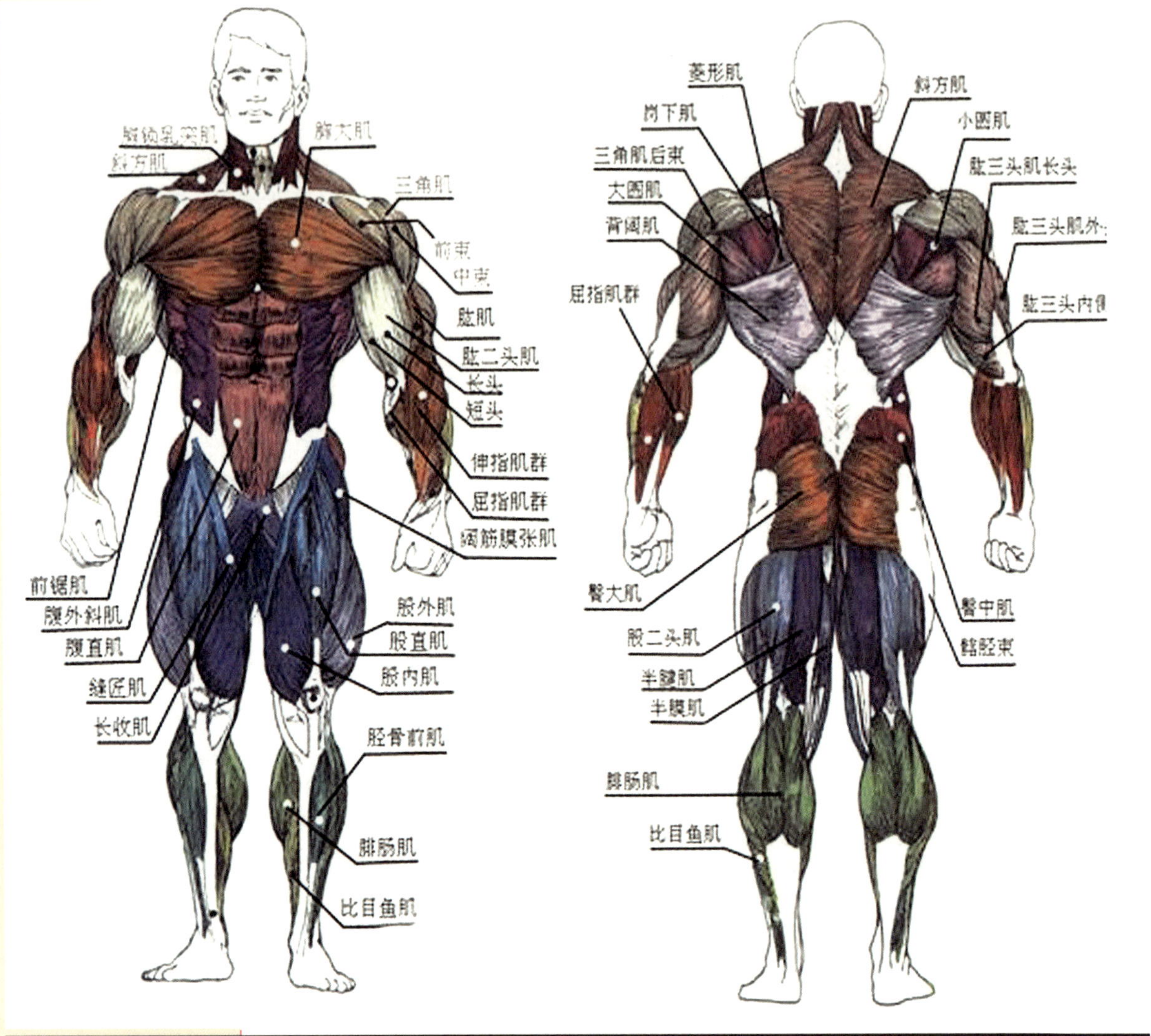

图1

收缩，使上臂屈和旋内；中部肌纤维收缩，使上臂外展；后部肌纤维收缩，可使上臂旋外。三部肌纤维同时收缩，可使上臂外展。此外，该肌对加固和稳定肩关节有重要作用。该肌发达了可以使肩增宽、防治溜肩。

（三）胸部

主要是胸大肌，位于胸前皮下，为扇形扁肌，其范围大，分为胸大肌和胸小肌两部分。其功能是使上臂向内、向前、向下和向上，臂部向内旋转。

（四）腹部

腹肌位于胸廓下部与骨盆上缘之间，参与腹壁的构成。主要是腹直肌，由上腹肌和下腹肌两部分组成，位于腹前正中线的两侧。其功能是使脊柱向前弯屈、压缩腹部。

（五）背部

背阔肌　位于腰背部和胸部后下侧的皮下，是全身最大的阔肌。上部被斜方肌遮盖。其功能是使手臂拉向下和后、肩带下压、躯干侧向一边。

斜方肌 位于颈部和背部的皮下，一侧呈三角形，左右两侧相合构成斜方形，称为斜方肌。其功能是上举和放下肩带、移动肩胛骨、头部倒向后和侧面。

竖脊肌 位于躯干背部脊柱两侧，由棘肌、最长肌、髂肋肌三部分组成。该肌从骶骨到枕骨，是一块强大的伸脊柱肌肉。其功能是下固定时，两侧收缩，使头和脊柱伸；一侧收缩，可使脊柱同侧侧屈。

（六）下肢

臀大肌 略呈四边形，起于髂骨、骶、尾骨及骶结节韧带的背面，肌束斜向下外方，以一厚腱板越过髋关节的后方，止于臀肌粗隆和髂胫束。其功能是使大腿后伸和外旋，保持站立姿势等。

股二头肌 起自坐骨结节和股骨粗线，止于腓骨头。其功能是使小腿后屈，大小腿折叠。

股四头肌 起自髂前下棘、股骨粗线、股骨体前面，止于胫骨粗隆。股直肌为双羽状肌，可使小腿在膝关节处伸，大腿在髋关节处屈，股外侧肌的主要功能是伸膝关节，股内侧肌和股中间肌的主要功能也是伸膝关节。

小腿三头肌 位于小腿后面浅层，由腓肠肌和比目鱼肌组成。腓肠肌在浅面，比目鱼肌则在深面。其功能是近固定时，使小腿和足屈，远固定时，使股骨下端和胫骨、腓骨上端拉向后方。该肌肉也是维持人体直立的一块主要肌肉，在走、跑、跳时，小腿三头肌对屈足起到重要作用。

二、青少年时期的人体解剖生理特点

根据人体生长发育的规律以及形态、生理和心理的特点，将13~17岁的年龄阶段称为“少年期”，将18~25岁的年龄阶段称为“青年期”。青少年时期是人体形态、生理和心理发展迅速的时期，以身体形态发育突增为青春发育期开始的标志，以性成熟为结束。此过程在性激素的作用下，出现男女第二性征。第二性征的表现如：男生音调变低变粗、喉结增大突出、长胡须等；女生出现音调变得细高、骨盆变宽、脂肪有选择性地沉积（胸部、臀部）等。这段时期的人体解剖生理特点如下：

（一） 骨骼

随着年龄的增长，人体骨骼的成分会发生变化，明显的是水分减少、无机盐含量增加、坚固性增加而韧性降低，直到20~25岁骨化完成后骨骼的成长变化才完成。在此阶段，青少年一定要注意自己正确的身体姿势的养成，采取正确的站、立、行的姿势，避免含胸、驼背、脊柱变形等畸形身姿的形成。同时在身体锻炼时，应注意身体各部位的全面练习，避免肢体负荷不均匀的身体练习，促进身体形态、机能的健康、全面发展。

（二） 关节

在青少年阶段的前期，关节面的软骨较厚，关节及韧带的伸展性优于发育成熟的成人，但在这种情况下，如果训练不当容易造成关节的脱臼。因此，在做身体练习时应结合青少年关节发育的特点，注意练习的方法和手段。

（三） 肌肉

随着年龄的增长，肌肉的水分会减少，有机物增加，肌肉重量也不断增加，力量不断提高。15~18岁是人体躯干力量增加最迅速的时期，全身整体的肌肉力量在男生25岁、女生20岁左右达到峰值。在青少年时期，发展肌肉力量练习时应注意人体发育的个性特征，针对练习者不同的身体发育特点和此阶段肌肉发育的特性制定训练内容和负荷。进行肌肉力量练习时，首先应以动力性练习为主，避免过多地使用静力性练习，练习结束后注意做好积极的放松。其次，进行力量练习时应注意身体各部位肌肉力量发展的先后顺序。如在肌肉长度生长迅速的阶段，应多进行伸长肢体的练习；在肌肉力量发展迅速的阶段，应多进行增长肌肉力量的练习。

（四） 循环系统

进入青少年时期，人体的红细胞、血红蛋白、淋巴细胞含量逐渐接近成年水平。心率也逐渐减慢，20岁左右趋于稳定。青春发育期结束后，心脏的机能发育迅速，但血管发育处于滞后状态，同时由于性腺等分泌旺盛，引起血压升高，称为“青春期高血压”。这种现象一般出现在身体发育良好的青少年身上，表现为收缩压升高，是正常现象，一般不必惊慌。在此阶段，进行身体练习时，应正确理解“青春期高血压”，采取积极的训练手段提高青少年的循环系统，提高心脏的机能水平。

（五） 神经系统

神经系统是人体发育最早最快的机能系统，7~8岁时人脑的重量已接近成人的水平。随着年龄的增长，脑和神经系统的机能结构逐渐完善，16~18岁时第二信号系统的机能就已经发展到相当的水平。在此阶段练习时，教练或者教师应注意正确动作的示范，运用多种训练方法和手段实现身体练习的生动活泼和多样化，避免练习的枯燥和单调，促进青少年神经系统的进一步完善。

第四节 形体健美练习注意事项

一、练习前注意事项

科学的形体训练是获得优美形体的最佳途径。一般在练习前应注意以下几点：

（一）练习前应选择好合适的服装与鞋子

形体练习时，应该选择吸汗、透气、弹性好、方便运动的服装，最好是紧身衣，以便于在练习中更好地看到自己的身体形态。其次，鞋子最好选择软底鞋，便于足尖的屈伸，但做热身运动时也可以选择适宜的运动鞋。

（二）形体练习前1~2小时应避免进食

因为锻炼会影响食物的消化和吸收，胃中充满食物后再运动会影响呼吸，严重的还易导致腹痛、呕吐、胃部下垂等症状。练习前10~15分钟，可适当饮水，补充身体水分。

（三）做好练习前的身体、心理上的准备

进行形体训练前，应该适当热身，以降低运动拉伤或其他运动伤害的风险。其次，应做好充分的心理准备，特别是对于初学者来说，应从形体训练的基本动作开始，耐心地学习和练习。即使许多动作可能一时无法立刻掌握，或者训练效果不可能在短时间内立即显现，但只要坚持科学训练，树立自信心，最终一定会取得理想的训练效果。

（四）合理地安排好练习的场地

一般的形体训练应该安排在宽敞、明亮、有镜子、通风良好的形体训练房中进行。镜子可以帮助练习者清楚地看到自己的动作，便于更好地控制肢体的方位等。其次，练习还应在木质地板上进行，木质地板可缓解地面对膝关节、踝关节的冲击力。良好的通风能保证练习者练习时氧气的供给，延缓疲劳感的出现。

二、练习中注意事项

进行形体健美练习过程中应注意以下几点：

（一）练习中应注意适当补水

运动会使身体流汗，从而加速身体内水分的流失。运动中应根据练习者的实际情况，及时补水。补水时应坚持少量多次的原则，每20分钟左右补水150毫升左右，使机体的水分含量保持在合理的水平上。

（二）练习中应掌握好运动负荷

对于初学者来说，练习过程中应掌握好运动负荷的强度和大小。运动强度过大，会导致身体出现非受伤引起的关节及肌肉酸痛、疲惫不堪、失眠不安、注意力不集中、慢性体重下降等症状；而练习强度过小，则不能引起身体各机能器官的积极反应，起不到改善形体、促进健康的训练效果。因此，练习中练习者应根据自身的感觉或身体一系列的机能反应情况，合理地安排好运动负荷。

（三）练习过程中应坚持“全面发展的原则”

形体训练过程中，无论是基本动作练习还是全套组合动作的练习，都应坚持全身各部位全面发展的原则，以帮助练习者塑造美好的形体。每一个动作的完成，不是由身体的某一关节或部位完成，而是由两个或多个关节或部位配合完成的。如果全身肌肉、关节锻炼不均衡或不全面，都不能起到塑造优美形体的效果。

（三）练习后应及时放松

练习后及时放松，可以缓解身体疲劳，促进身体的恢复。运用一些拉伸放松，可避免出现肌肉僵硬等情况。

（四）正确的理解“延迟性肌肉酸痛”

不经常锻炼的初学者，在初次经过形体练习后的几天中，肌肉会出现不同程度的酸痛感，在运动生理学中称之为“延迟性肌肉酸痛”。对导致运动后肌肉酸痛的原因虽然有多种说法，但是这种情况在初次锻炼的练习者身上出现也很正常，一般练习者不用太紧张，只要在练习后坚持放松，或用热水泡澡，一般在几天后就可自行恢复。

第二章
形体健美的科学实施

第一节　科学安排形体健美训练

本章介绍

详细阐述了如何进行科学的形体健美训练及具体身体部位的形体健美训练方法，系统介绍了当今流行的健美操、体育舞蹈、街舞、瑜伽、普拉提等七种具体锻炼方式的基本动作要领及基本动作组合，以期为练习者提供参考和帮助。

一、最佳锻炼时间的选择

锻炼的时间可根据练习者的实际情况而定。最佳的锻炼时间一般安排在饭后1~2小时后进行。练习前，应进行15~20分钟的热身运动。热身运动可采取慢跑、有氧操等方式进行。

二、理想运动量的确定

运动量一般是指练习的次数、时间、距离、重量等。而理想的运动量既能使练习者的形体训练取得较好的效果，又不至于导致运动疲劳感的产生。因此，在练习过程中保持理想的运动量尤为重要。一般以一次运动后，使身体稍感疲劳，心率保持在最大心率（220－年龄）的60%~70%的运动量为较理想的运动量。

三、凭感觉判定运动量

凭借个人感觉来判定运动量是在日常练习中比较直接和易操作的运动量判定方法。如果在练习后出现四肢无力、肌肉僵硬、呼吸急促、胸部发闷或头晕、呕吐等症状，则说明运动量较大，应在下次训练中适当调整运动量。

四、用运动时间和频度来调整运动量

想要取得理想的练习效果，单次运动时间一般应持续30分钟至1小时，心率控制在最大心率的60%~70%范围内，且每周至少应进行3~5次。当然，也可根据练习者的自身情况酌情增加或减少运动量。

五、饮食营养与膳食平衡

要获得理想的形体，最根本的方法是合理的饮食加适量的运动。合理的饮食既要控制好热量的摄取，又要保证摄入满足人体必需的营养成分，即做到膳食平衡。因此，练习者应多吃蔬菜和水果及膳食纤维多、热量少的食物；除此之外，还应保证奶、蛋类、豆制品、鱼、禽类、米饭、全麦类营养物质的全面摄入。尽量避免高油、高脂、高糖等高热量食物的摄入，将热量的摄入控制在合理的范围之内。

第二节　形体健美分部训练

一、颈部

坐式或站立，将头部最大限度地旋转画圆，顺、逆时针交替进行（图2-1至图2-5）。每组8~10次，每次练习做2~3组，每周锻炼3~5次。

图2-1

图2-2

图2-3

图2-4

图2-5

双手四指相交置于脑后，下颌贴胸上部，双手向下压头部，然后抬头后仰（图3-1、图3-2）。每组15~20次，每次练习做2~3组，每周锻炼3~5次。

图3-1

图3-2

仰卧，双臂自然贴近身体两侧。头部慢慢抬起，将下巴尽量向胸部贴近，直至极限（图4）。每组做15~20次，每次练习做2~3组，每周锻炼3~5次。

图4

二、肩部

臂回环： 双腿分开，与肩同宽，自然站立，双手握拳。然后伸直双臂，做大回环运动（图5-1至图5-4），直到感觉疲劳为止。每组环绕40次以上，每次练习做2~3组，每周锻炼3~5次。

图5-1

图5-2

图5-3

图5-4

站立推举： 双手持握哑铃，屈臂向上准备，然后做直臂上举的动作，还原（图6-1、图6-2）。每组15~20次为宜，每次练习做2~3组，每周锻炼3~5次。

图6-1

图6-2

前平举： 站立，双手直臂前平举（图7），每组重复20~30次，每次练习做2~3组，每周锻炼3~5次。也可持哑铃做。

侧平举： 站立，双手直臂侧平举（图8），每组15~20次，每次练习做2~3组，每周锻炼3~5次。也可持哑铃做。

图7

图8

三、臂部

哑铃弯举： 两腿自然站立，两臂下垂，两手持哑铃，掌心向上翻至胸前，稍停，缓慢由原路返回。也可单手交替进行（图9-1、图9-2）。每组15~20次，每次练习做2~3组，每周锻炼3~5次。

图9-1

图9-2

屈体臂后伸： 上体前屈与地面呈45°角，双膝微屈，屈臂持哑铃，拳心相对。小臂后伸上抬，直至与地面平行，再慢慢还原（图10-1、图10-2）。每组15~20次，每次练习做2~3组，每周锻炼3~5次。

图10-1

图10-2

站立臂屈伸： 两腿自然站立，挺胸收腹，双手各持一个哑铃。开始时手臂伸直过头，然后慢慢向脑后弯曲，使哑铃置于颈后位置后，再慢慢把手伸直还原（图11-1、图11-2）。每组15~20次，每次练习做2~3组，每周锻炼3~5次。

图11-1

图11-2

四、胸部

俯卧撑： 双手与肩同宽，双脚并拢，以俯卧姿势撑地，然后缓慢屈臂、下落身体，直至大小臂成直角，胸、肩、臂同时用力撑回起始姿势（图12-1、图12-2）。每组15~30次，每次练习做2~3组，每周锻炼3~5次。

图12-1

图12-2

仰卧飞鸟： 仰卧于平板上，双手持哑铃，直臂侧平举置于体侧。然后两臂直臂举哑铃于胸部正上方，掌心相对，再慢慢还原（图13-1、图13-2）。每组15~30次，每次练习做2~3组，每周锻炼3~5次。

图13-1

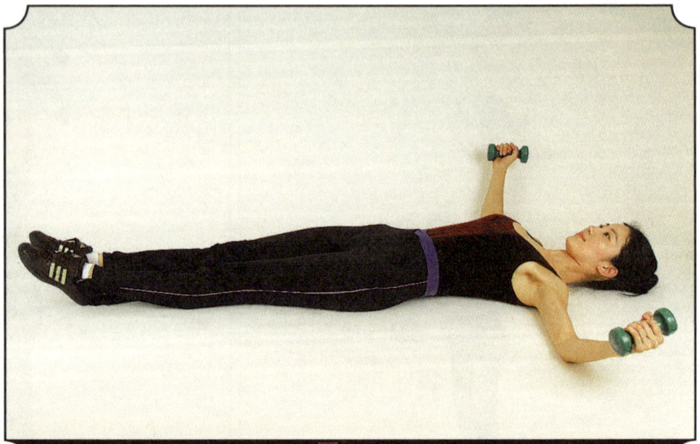
图13-2

平板卧推： 仰卧于平板或地面上，双手握哑铃，大小臂夹角成90°，小臂垂直于地面，置于体侧。然后两臂同时上举哑铃于头部正上方，再慢慢下落还原（图14-1、图14-2）。每组15~30次，每次练习做2~3组，每周锻炼3~5次。

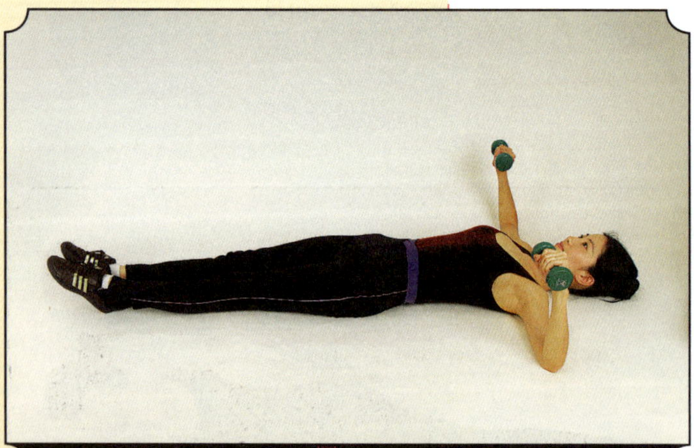
图14-1

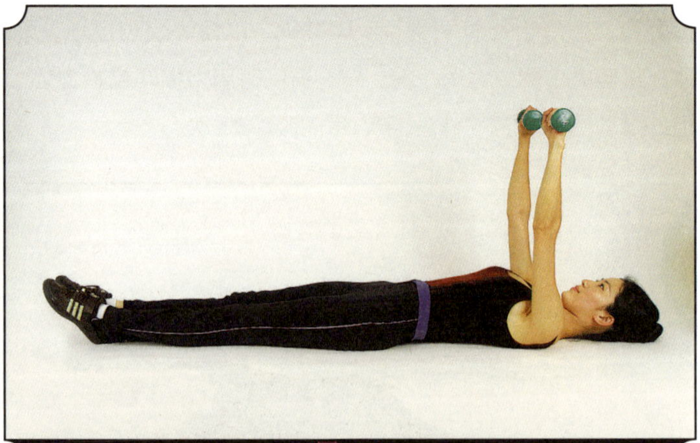
图14-2

五、腰腹部

仰卧起坐： 仰卧，双手抱头，双腿屈膝，大小腿夹角成90° 准备，然后收腹起上体，直至上体坐起，再慢慢伸展还原（图15-1、图15-2）。每组20~40次，每次练习做2~3组，每周锻炼3~5次。

图15-1

图15-2

仰卧举腿： 仰卧，双腿伸直，双臂平放于体侧。然后迅速收腹举腿，直至双腿与躯干成直角，慢速伸展还原（图16-1、图16-2）。每组20~40次左右，每次练习做2~3组，每周锻炼3~5次。

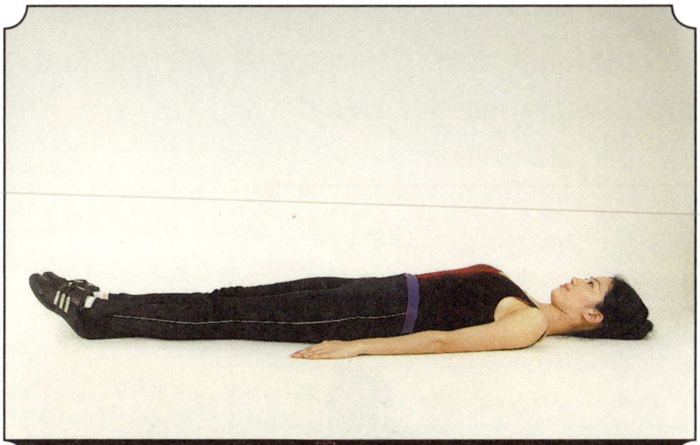

图16-1

图16-2

俯卧挺身： 俯卧，双手抱头，双脚紧贴地面，收腰使上体抬起，直至抬不高为止，慢速伸展还原（图17-1、图17-2）。每组20~40次左右，每次练习做2~3组，每周锻炼3~5次。

图17-1

图17-2

俯卧两头起： 俯卧，双手背后相握，收腰，头部和双腿同时上抬，慢速伸展还原（图18）。每组20~40次左右，每次练习做2~3组，每周锻炼3~5次。

图18

仰卧转体起坐： 仰卧，膝盖弯曲，肘向外，双手放在脑后。双脚必须平放在地上，呼气的同时，上半身一侧提起，然后转到中间位置，同时对侧的下肢也向中间扭转（图19）。吸气的同时回到起始姿势，换另一边重复动作。每组15~30次，每次练习做2~3组，每周锻炼3~5次。

图19

仰卧两头起： 平躺于地板上，两腿并拢，自然伸直，两臂于头后自然伸直。坐起时，两腿两臂同时上举，以胯为轴使身体形成对折状，然后恢复原状，再继续做两头起的运动（图20-1、图20-2）。每组10~15次，每次练习做2~3组，每周锻炼3~5次。

图20-1

图20-2

站姿体侧屈： 两腿分开，与肩同宽，自然站立，双手握住哑铃放于体侧，上身向左侧屈体，右臂带动哑铃上提。身体侧屈的练习幅度是与身体中心线成30° 夹角，过大的幅度会增加腰椎损伤的机率，然后上身慢慢回正（图21-1、图22-2）。每组15~30次，每次练习做2~3组，每周锻炼3~5次。

图21-1

图21-2

六、臀部

仰卧挺髋： 仰卧（胯部上可放一重物），然后臀部用力上抬，至最高点静止片刻，慢慢落下（图22-1、图22-2）。每组20~30次，每次练习做2~3组，每周锻炼3~5次。

图22-1

图22-2

跪撑举腿： 双手撑地下跪，一条腿跪地，另一条腿先弯曲至胸前，然后快速并最大限度地向后上方展直（图23-1、图23-2），然后换另一条腿做相同的动作。每组15~30次，每次练习做2~3组，每周锻炼3~5次。

图23-1

图23-2

侧卧抬腿： 直体侧卧，脚尖绷直，一只手臂屈肘于胸前撑于地面。然后，将上面的腿抬起，至最高点，慢慢还原（图24-1、图24-2）。每组15~30次，每次练习做2~3组，每周锻炼3~5次。转身换另一侧卧，抬另一条腿。

图24-1

图24-2

七、大腿部

负重半蹲： 双手持哑铃或肩负重物站立，两脚平行，距离比肩稍宽，然后下蹲，直至大小腿夹角接近90°，缓慢恢复站立姿势（图25）。每组8~15次，每次练习做2~3组，每周锻炼3~5次。

负重弓步蹲： 双手持哑铃或肩负重物，两脚前后开立，然后双腿呈弓箭步下蹲，直至前腿大腿与地面接近水平平行，再用力站起，恢复站立姿势（图26）。每组8~15次，每次练习做2~3组，每周锻炼3~5次。

图25

图26

站立后屈腿： 双手持哑铃，自然地垂于体侧，并腿站立，上身保持正直。左腿支撑，右腿屈膝，小腿向后弯曲，股二头肌用力，稍停，有控制地还原（图27）。每组8~15次，每次练习做2~3组，每周锻炼3~5次。

图27

图28

屈腿硬拉： 双手持杠铃或哑铃，双脚左右开立，膝部微屈下蹲，同时上体持哑铃做体前屈，直至双手接近地面，缓慢站起，恢复站立姿势（图28）。每组8~15次，每次练习做2~3组，每周锻炼3~5次。

分腿半蹲： 两腿开立，脚尖外展，双手叉腰，屈膝成半蹲姿势，缓慢站起，恢复站立姿势（图29-1、图29-2）。每组8~15次，每次练习做2~3组，每周锻炼3~5次。

图29-1

图29-2

侧卧内收抬腿： 侧卧，贴近地面的腿直膝内收上抬（图30-1、图30-2）。每组8~15次，每次练习做2~3组，每周锻炼3~5次。

图30-1

图30-2

侧卧桥： 双腿并拢直膝侧卧，一只手臂屈肘于胸前撑于地面，贴近地面的大腿外侧和侧腰发力，撑起身体，对侧手臂向上伸直（图31-1、图31-2）。每组坚持30~60秒次，每次练习做2~3组，每周锻炼3~5次。

图31-1

图31-2

八、小腿部

提踵： 两腿开立，与肩同宽，直膝提踵，尽量抬高，稍停后下落。注意保持平衡，不要左右摆动（脚尖可以外展或者脚尖内扣提踵，图32-1至图32-3）。每组20~40次，每次练习做2~3组，每周锻炼3~5次。

图32-1

图32-2

图32-3

勾脚尖： 两腿开立与肩同宽，单脚直膝向上勾脚，尽量抬高，稍停后下落。注意保持平衡，不要左右摆动（图33）。每组20~40次，每次练习做2~3组，每周锻炼3~5次。

图33

第三节 健美操

一、健美操概述

健美操运动（英文名Aerobics），意为“有氧运动”、“健身健美操”，源于20世纪70年代末的美国。美国知名的影视明星简·方达根据自己的健身经验和体会，于1981年编写出版了《简·方达健美术》，引起了世界的轰动，引导人们开始认识这一新兴的健身项目。健美操按性质分可分为竞技健美操和健身健美操两大类。

竞技健美操在音乐伴奏下，通过高难度动作的完美完成，展现运动员连续表演复杂和高强度动作的能力。成套动作必须通过所有动作、音乐和表现的完美融合体现创造性。比赛组别由男子单人、女子单人、混合双人、三人（三名运动员性别任选）、六人（现只限于国内比赛）组成；比赛时间限制在1分45秒（可上下浮动五秒钟）；比赛场地为7×7平方米（六人操场地为10×10平方米）；比赛在专门的竞赛规则下进行。竞技健美操动作变化多、节奏快、幅度大、动作要求不对称，动作轨迹变化大，整体呈现健美操动作难、美、新的特点，其观赏性好，但难度高，对健美操运动技术的发展有很大的推动作用，但它不适合大众健身。

随着人们健康意识的不断提高，健身性健美操以它独特的健身功效和魅力深受人们喜爱。健身性健美操是在音乐的伴奏下，采用中、低强度，持续一定时间的全身性运动，相对于竞技健美操来说动作变化少、节奏慢、幅度小、完成时间较长、动作一般要求对称，动作元素相对较多，便于在广大健身人群中开展，具体情况如下：

1. 根据健身性健美操风格特点的不同可以分为：一般健美操、爵士健美操、踏板健美操、搏击健美操、拉丁健美操、街舞健美操、普拉提健美操、瑜伽健美操等。
2. 根据练习者年龄特征分为：儿童健美操、青少年健美操、中老年健美操。
3. 根据锻炼的目的分为：健美性健美操、健身性健美操、康复健美操、保健健美操等。
4. 根据持器械与否可分为：徒手健美操、器械健美操（包括哑铃健美操、橡皮筋健美操、踏板健美操、健身球健美操等）。
5. 根据锻炼部位可分为：头颈部健美操、胸部健美操、腰部健美操、手臂健美操、腿部健美操、臀部健美操等局部健美操等。
6. 根据性别特征可分为：女子健美操和男子健美操。
7. 根据锻炼人群的特殊性可分为：孕妇健美操、残疾人健美操等。
8. 根据运动强度的高低可分为：低冲量健美操、高冲量健美操和无冲量健美操。
9. 根据健美操练习者需求难度的不同可分为：初级健美操（适用于没有基础、之前未参加过健美操锻炼的人群）、中级健美操（适用于有一定基础且偶尔参加健美操锻炼的不同人群）、高级健美操（适用于有健美操锻炼的基础且经常参加锻炼的不同人群）。

二、健身性健美操的基本动作

常见的健美操基本动作按锻炼的不同部位可分为：

（一）头颈动作

主要形式： 头颈的屈、伸，头颈的转，头颈的平移，头颈的绕环等。

方　　向： 有向前的、向后的、向左的、向右的屈和平移；向左、向右的转和绕环（图34-1至图34-4）。

图34-1

图34-2

图34-3

图34-4

（二）肩部动作

主要形式： 单肩、双肩的提肩和沉肩；收肩和展肩；单肩、双肩的绕环和振肩。

方　　向： 有向前的、向后的绕环（图35-1至图35-4）。

图35-1

图35-2

图35-3

图35-4

（三）手臂动作

主要形式： 直臂、屈臂（包括单臂和双臂）；臂的屈伸（同时、依次）；臂的摆动等。

方　　向： 有向前、向后、向左、向右、向上、向下等（图36-1至图36-6）。

图36-1

图36-2

图36-3

图36-4

图36-5

图36-6

（四）胸部动作

主要形式： 含胸、展胸、振胸（图37－1、图37－2）。

图37－1

图37－2

（五）腰部动作

主要形式： 腰的屈、转、绕环。

方　　向： 有向前、向后、向左、向右（图38－1、图38－2）。

图38－1

图38－2

（六）髋部动作

主要形式： 顶髋、提髋、摆髋、绕环髋。

方　　向： 有向前、向后、向左、向右（图39-1、图39-2）。

图39-1

图39-2

（七）基本手型

主要形式： 掌形、五指分开式、芭蕾手式、拳式、剑指、西班牙舞式等（图40-1至图40-6）。

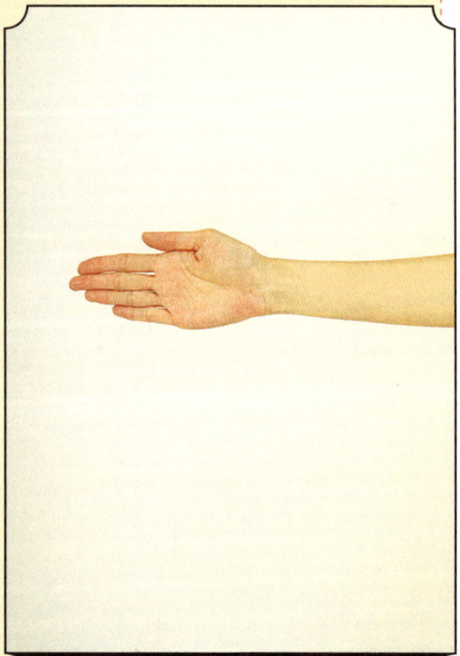
图40-1

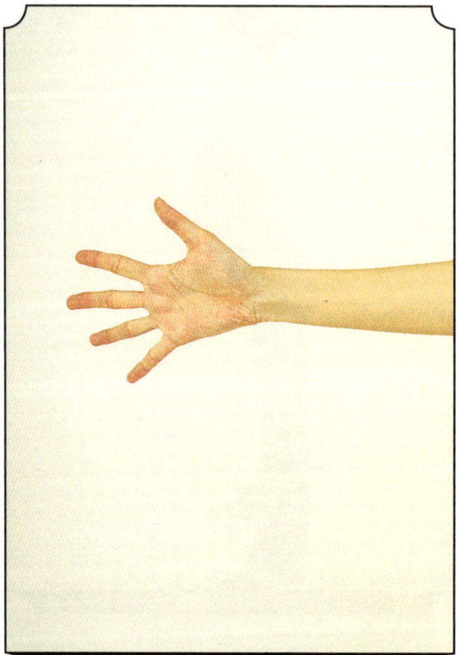
图40-2

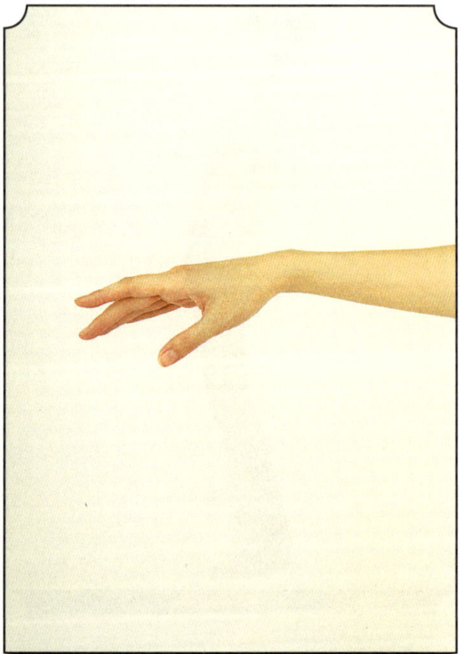
图40-3

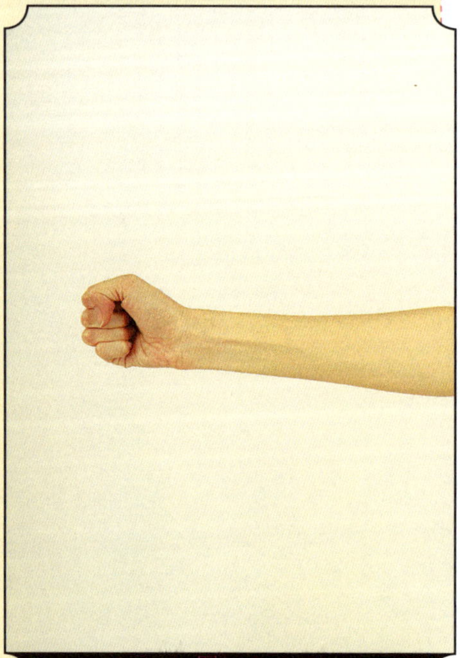
图40-4

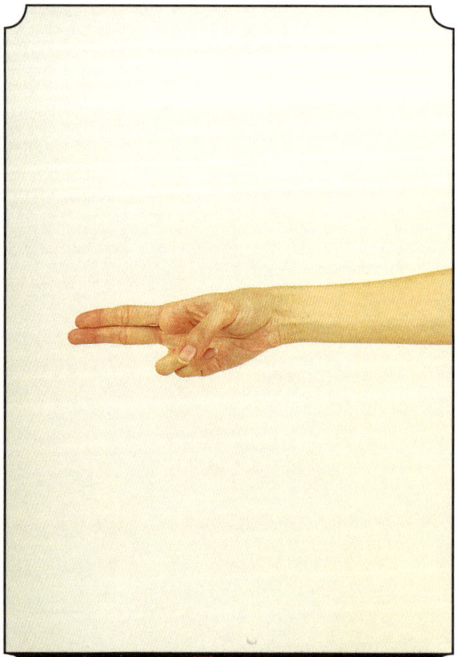
图40-5

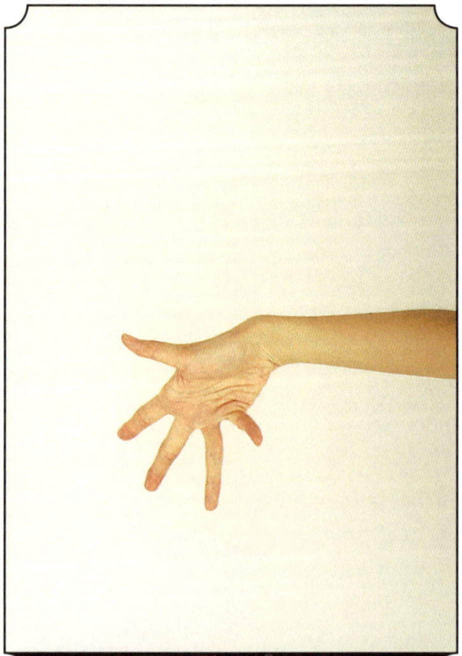
图40-6

（八）健身性健美操的基本步伐，可分为以下几类：

踏步类： 有脚尖不离地的踏步、脚离地的踏步、高抬腿的大幅度踏步等；可在原地踏步也可在移动中踏步。

并步类： 一脚并于另一脚、重心要随之移动且两膝自然屈伸的各类动作。

弹踢类： 以膝盖的屈伸带动小腿弹动的各类动作。

吸腿类： 大腿上提、小腿自然垂直且脚尖绷紧的各类动作。

开合跳： 双腿同时或依次打开、合并的各类动作。

弓步类： 一腿屈，一腿伸直，重心在两腿之间的动作。

后踢腿跑： 小腿尽量折叠于大腿后侧的各类动作。

二、健身健美操创编及示范套路

（一） 健身健美操创编

创编是健身健美操开展的基础和先行条件，要实现健身健美操健身、健美、健心的目的就必须以科学、合理的创编为前提。健身健美操的创编过程就是创编者根据创编对象的不同要求，不断融入各种动作的再创作过程。在各种创编因素中，创编者是整个创编过程中的主体，应该具有丰富的专业知识、想象力、创造力和较高的审美能力。其次，创编者在进行健身健美操创编时还应充分考虑以下几点因素：

创编对象： 是创编者创编的主要依据，套路的创编应该充分考虑创编对象的身体能力、练习目的、表现特征等。

音乐因素： 主要指音乐的风格、节奏的快慢、乐段的衔接等。

动作因素： 是创编过程中的重要内容，主要指动作的风格、动作的方向、动作的速度、动作完成的轨迹、动作的幅度和力度等要求。

其他因素： 指锻炼的场地、服装、道具等因素。

（二） 示范套路（16个8拍）

第一个组合　（8个8拍）

第1个8拍

右脚开始踏步（图41-1、图41-2）。

图41-1

图41-2

第2个8拍

步伐：　1~4拍，右脚开始向前的一字步；5~8拍重复。

手臂：　第1拍，右臂胸前弯曲，第2拍，左臂胸前弯曲；3~4拍，双臂同时收回至体侧；5~8拍，重复上述1~4拍的动作（图42-1、图42-2）。

图42-1

图42-2

第3个8拍

步伐： 1~4拍，右脚开始走“V”字步；5~8拍，向后走“V”字步。

手臂： 1~2拍，右臂左臂依次经身前至侧上举；3~4拍，双臂握拳于胸前交叉；5~8拍，手臂动作相同（图43-1至图43-8）。

图43-1

图43-2

图43-3

图43-4

图43-5

图43-6

图43-7

图43-8

第4个8拍

步伐： 1~2拍，右脚开始向右侧迈出一步，左脚跟随点地；3~4拍，左脚向左侧迈出一步，右脚跟随点地；5~6拍，重复1~2拍的动作；7~8拍，左脚侧点地两次。

手臂： 双手握拳曲肘，在体侧随步伐自然地前后摆动。

第5~8个8拍： 换左脚开始踏步，动作与第1~4个8拍相同，方向相反（图44-1至图44-4）。

图44-1

图44-2

图44-3

图44-4

第二个组合　（8个8拍）

第1个8拍

步伐： 1~4拍，右脚向前走四步吸左腿；5~8拍，左脚后退四步吸右腿。

手臂： 双臂握拳自然地在体侧摆动，第4、8拍时击掌（图45-1至图45-4）。

图45-1

图45-2

图45-3

图45-4

第2个8拍

步伐： 1~4拍，右脚开始上步吸腿；5~8拍，动作相同，方向相反。

手臂： 1~4拍，直臂经前、后、前摆至还原于体侧；5~8拍，动作相同（图46-1至图46-4）。

图46-1

图46-2

图46-3

图46-4

第3个8拍

步伐： 1~2拍，右脚开始向右侧并步；2~4拍，左脚向前迈步；5~8拍，动作相同，方向相反。

手臂： 1~2拍，两臂平举、五指并拢；3~4拍，左臂向前，右臂向后；5~8拍，动作相同，方向相反（图47-1至图47-8）。

图47-1

图47-2

图47-3

图47-4

图47-5

图47-6

图47-7

图47-8

第4个8拍

步伐： 1~2拍，右脚开始向右侧45° 方向并步；3~4拍，动作相同，方向相反；5~8拍，右后转体360° 还原立定。

手臂： 1~2拍，经体侧摆动至胸前击掌；3~4拍，重复；5~8拍，双臂自然至于体侧（图48-1至图48-8）。

第5~8个八拍： 换左脚开始，动作同第1~4个8拍相同，方向相反。

图48-1

图48-2

图48-3

图48-4

图48-5

图48-6

图48-7

图48-8

第四节 体育舞蹈

一、体育舞蹈概述

体育舞蹈也称“国际标准交谊舞”，国际体育运动项目之一。是以男女为伴的一种步行式双人舞的竞赛项目。分两个项群，十个舞种。其中标准舞（摩登舞）项群含有华尔兹、维也纳华尔兹、探戈、狐步和快步舞；拉丁舞包括伦巴、恰恰、桑巴、牛仔和斗牛舞。每个舞种均有各自的舞曲、舞步及风格。它们根据各舞种的乐曲和动作要求，组编成各自的成套动作。目前，国际上有两个国际体育舞蹈组织。一个是世界舞蹈及体育舞蹈理事会WDDSC（World Dance and Dance Sport Council），1950年9月22日在英国苏格兰的爱丁堡成立，现有52个会员协会，注册地为英国伦敦。另一个是：国际体育舞蹈联合会IDSF（International Dance Sport Federation），1935年成立于布拉格，现有79个会员协会，注册地为瑞士洛桑，于1997年获得国际奥委会的正式承认。比赛分团体赛和个人赛两种，按预赛（淘汰赛）、复赛（选拔赛）、半决赛（资格赛）、决赛（名次赛）的程序进行。团体赛由每个参赛单位的8对男女运动员组成，按顺序进行比赛。个人赛分职业组和业余组，分别进行不同要求的比赛，对比赛舞种也有不同规定。比赛场地长23米，宽16米，最小尺寸为长20米，宽15米。比赛从音乐节奏配合、身体基本姿势、舞蹈动作、旋律的掌握以及对音乐的理解、舞步等方面评定运动员的成绩。体育舞蹈的音乐不超过4分30秒。视比赛规模设5~9名裁判员，从国际评判标准规定的基本技术、音乐表现力、舞蹈风格、舞蹈编排、临场表现、赛场效果等六个方面进行评分。

国际标准交谊舞于20世纪30年代传入中国，80年代发展较快，先后与日本、美国、英国等国家进行了交流活动。我国自1986年正式引进国外专业人才后，体育舞蹈发展迅速。1991年5月，中国体育舞蹈运动协会成立。从1998年开始，体育舞蹈被列入中国文化部“荷花奖”的评奖单项，从此，体育舞蹈事业在中国又开辟了一个崭新的篇章。中国现在是世界舞蹈及体育舞蹈理事会（WDDSC）的准会员、国际体育舞蹈联合会（IDSF）的正式会员。

二、摩登舞——华尔兹

华尔兹起源于奥地利民间舞蹈，舞姿雍容华贵，被人们称作“舞中之后”。特点是把升降、摆荡、反身、倾斜融为一体，在优美的音乐伴奏下翩翩起舞，两人成对旋转，温馨而浪漫。音乐节拍一般为3/4，重音在第一拍，每分钟32小节左右。

（一）华尔兹基本动作

1. 左脚并换步（图49-1至图49-3）

准备姿势： 闭式舞姿。

□ 男：左脚前进。女：右脚后退。

□ 男：右脚向侧并稍向前。女：左脚向侧并稍后退。

□ 男：左脚并右脚。女：右脚并左脚。

图49-1

图49-2

图49-3

2. 右脚并换步（图50-1至图50-3）

准备姿势： 闭式舞姿。

□ 男：右脚前进。女：左脚后退。

□ 男：左脚向侧并稍向前。女：右脚向侧并稍向后。

□ 男：右脚并左脚。女：左脚并右脚。

图50-1

图50-2

图50-3

3. 右转步（图51-1至图51-6）

准备姿势： 闭式舞姿。

□ 男：右脚前进，开始向右转。女：左脚后退，开始向右转。

□ 男：左脚旁步，向右转1/4。女：右脚旁步，向右转过3/8。

□ 男：右脚向左脚并步，继续右转1/8。女：左脚向右脚并步。

□ 男：左脚后退，开始向右转。女：右脚前进，开始向右转。

□ 男：右脚旁步，向右转过3/8，身体转动稍滞后。女：左脚旁步，向右转过1/4。

□ 男：左脚向右脚并步，身体完成转动。女：右脚向左脚并步，继续转过1/8。

图51-1

图51-2

图51-3

图51-4

图51-5

图51-6

4. **左转步**（图52-1至52-6）

准备姿势： 闭式舞姿。

□ 男：左脚前进开始左转。女：右脚后退开始左转1/4。

□ 男：右脚旁步向左转过1/4。女：左脚旁步向左转过1/4。

□ 男：左脚向右脚并步，再转过1/8。女：右脚向左脚并步，身体完成转动。

□ 男：右脚后退，开始左转。女：左脚前进，开始左转。

□ 男：左脚旁步转3/8，身体转动滞后。女：右脚旁步转1/4。

□ 男：右脚向左脚并步，身体完成转动。女：左脚向右脚并步，转过1/8。

图52-1

图52-2

图52-3

图52-4

图52-5

图52-6

5. 外侧换步（图53-1至图53-3）

准备姿势： 闭式舞姿。

□ 男：左脚后退。女：右脚前进。

□ 男：右脚后退，开始左转。女：左脚前进，开始左转。

□ 男：左脚旁步，稍靠前，转过1/4，身体转动滞后。女：右脚旁步，稍靠后，转过1/4，身体转动滞后。

□ 男：右脚右外侧前进。女：左脚后退。

图53-1

图53-2

图53-3

6. 叉形步（图54-1至图54-3）

准备姿势： 闭式舞姿。

□ 男：左脚前进。女：右脚后退。

□ 男：右脚经左脚横步。女：左脚经右脚横步。

□ 男：左脚在右脚后交叉。女：右脚在左脚后交叉。

图54-1

图54-2

图54-3

7. 侧行追步（图55-1至图55-4）

准备姿势： 开式舞姿。

□ 男：右脚前进并交叉于反身。女：左脚前进并交叉于反身，开始向左转。

□ 男：左脚旁步稍靠前。女：右脚旁步转过1/8。

□ 男：右脚向左脚并步。女：左脚向右脚并步转过1/8，身体转动滞后。

□ 男：左脚旁步稍靠前。女：右脚旁步稍靠前。

图55-1

图55-2

图55-3

图55-4

8. **迂回步**（图56-1至图56-6）

准备姿势： 开式舞姿

□ 男：右脚后退。女：左脚前进。

□ 男：左脚前进开始左转。女：右脚旁步稍靠后，转过1/4。

□ 男：右脚旁步稍靠后，转过1/4。女：左脚旁步稍靠前，转过1/2，身体转动滞后。

图56-1

图56-2

图56-3

□ 男：左脚后退，转过1/8。女：右脚向右外侧前进。

□ 男：右脚后退，开始左转。女：左脚前进，开始左转。

□ 男：左脚旁步稍靠前转过1/4，身体转动滞后。女：右脚旁步稍靠后转过1/4，身体转动滞后。

图56-4

图56-5

图56-6

（二）华尔兹基本套路

初级套路

顺序	名称	小节
1	左脚并换步	1
2	右转步	2
3	右脚并换步	1
4	左转步	2
5	叉形步	1
6	侧行追步	1
7	右旋转步	2
8	左转后三步	1

中级套路

顺序	名称	小节
1	引导步（左脚前）	1
2	右旋转步	2
3	左转后三步	1
4	左转步	2
5	叉形步	1
6	侧行追步	1
7	右旋转步	2
8	左转后三步	1
9	左转前三步	1
10	迂回步	2
11	右旋转步	2
12	旋转锁步	1
13	犹豫换步	2
14	直行追步向右	1
15	后退扫步	1
16	迂回步自侧行位	2
17	盘旋	2

三、拉丁舞——恰恰

恰恰的特点是：音乐有趣，节奏感强，舞态花哨，舞步利落紧凑。恰恰舞是所有拉丁舞中最受欢迎的舞蹈，音乐很容易辨认，旋律音符通常是短音或是跳音。音乐节拍为4 / 4拍，有时2 / 4拍。虽然恰恰舞曲经常演奏每分钟34小节的节奏，其实最理想的节拍是每分钟32小节。恰恰舞是古巴的舞蹈，与伦巴舞一样，古巴舞者从音乐的第二拍开始前进。男士方面，正确的方法是两脚稍微分开站立，重心置于左脚，第一拍时，以右脚向右侧跨一小步(女士相反)，然后以左脚前进(女士右脚后退)进行基本动作，节拍数法有：“慢，慢，快快，慢”、“踏，踏，恰恰恰”，所有的舞步都是这种数法。

（一）恰恰舞基本动作

恰恰的舞步源自于爵士，第1拍动胯，第2拍动脚，跳恰恰主要是胯的节奏的练习，由斜前到旁边。基本舞步始终保持着爵士步的重心特点，即重心在直的那条腿上，这样才能跳出紧凑利索的步伐。跳恰恰时，脚的动作非常重要，上步后没有重心时，脚掌要崩起来，脚背要顶起来。

1. 前进基本步（图57-1至图57-5）

预备动作： 前进时右脚在前，全脚掌着地，左脚在后，脚尖着地，重心在右脚的前脚掌位置，不可前倾或后仰。

☐ **第1步：** 出左脚经过右脚前迈，这里的“经过右脚”指左脚前迈过程中和右脚

图57-1

图57-2

图57-3

图57-4

图57-5

平行时，左脚脚踝贴着右脚脚踝前移。出脚过程要快，动作到位后身体重心一定要在前脚，并且稍有前倾。

□ **第2步：** 右脚经过左脚前迈。

□ **第3步：** 左脚经过右脚前迈。接下来，右脚从后方向左脚贴近，此时右腿膝盖贴在左腿膝盖后方，双腿均弯曲，右脚半脚掌着地，左脚全脚掌着地，这时髋关节面向正前方，并不因为双腿的移动而左右摆动。

□ **第4步：** 右脚向下踩，并推动重心前移，左腿顺势向前迈一小步，右腿伸直，重心到达左腿，此时髋关节也朝向正前方。

2. 后退基本步（图58-1至图58-5）

预备动作： 后退时右脚在前，脚尖着地，左脚在后，全脚掌着地，重心在左脚的前脚掌位置，不可前倾或后仰。

□ **第1步：** 右脚经过左脚后退，并迅速将重心跟随右脚到达右脚掌，左脚脚尖着地。

□ **第2步：** 左脚经过右脚后退，并转移重心。

□ **第3步：** 右脚继续经过左脚后退一步，但是重心却不跟随右脚转移，右脚半脚掌着地，重心仍然在前面的左腿上。此时，左腿稍微后撤，至右腿膝盖贴上左腿膝盖后窝，重心跟随左腿在两腿之间，此时两腿自然交错，左腿直立，右腿略弯曲。

□ **第4步：** 左脚踩地得到一个向后的力量，右腿向后，重心到达后方的右脚。

图58-1

图58-2

图58-3

图58-4

图58-5

3. 时间步（图59-1至图59-6）

预备动作： 重心位于左脚上，右脚打开。也可以将右脚放后，脚掌着地，脚背绷直。

□ 第1步　将右脚收回到左脚，脚掌着地，重心换到全脚掌上。

□ 第2步　左脚原地，脚掌落地，重心换到全脚掌。

□ 第3步　右脚向右移动，重心在全脚掌上。

□ 第4步　左脚并向右脚，重心在全脚掌上。

□ 第5步　右脚继续向右移动，左脚原地打开，脚掌着地，脚背绷直。

换一只脚，做同样的动作。

节奏与数拍： 1拍，1拍，半拍，半拍，1拍。

上身动作： 动右脚时，左手收缩，右手延伸。反之相同。

图59-1

图59-2

图59-3

图59-4

图59-5

图59-6

4. 古巴断裂步（图60-1至图60-7）

预备动作： 重心位于右脚，左脚打开。

□ 第1步 左脚斜前方上步，脚尖外转，重心在两脚之间，后面的右腿脚跟离地，膝盖紧靠在左脚上，有反身动作。

□ 第2步 右脚位于原地，重心换到右脚上。

□ 第3步 左脚回来。

换一个方向，右脚斜前方上步，做相同的动作。

节奏与数拍： 半拍，半拍，1拍，半拍，半拍，1拍。

图60-1

图60-2

图60-3

上身动作： 左脚上步时，右手按腹，左手延伸。右脚上步时，左手按腹，右手延伸。也可以一只手收缩，一只手延伸。

重要提示： 古巴断裂步的节奏与时间步不同，是直接跳“半拍，半拍，1拍”。学习这个动作必须强调的是，当上步时，大腿夹紧，重心在两腿之间，要有反身的动作，身体和脚是相反的方向的，需要上身和脚的配合。右肩向前时，出左脚，左肩向前时，出右脚。后面脚的膝盖一定要抵住前面脚的膝盖窝。否则，很难学好这个动作。

图60-4

图60-5

图60-6

图60-7

5. 后退锁步（第1步至第6步，图61-1至图61-6），前进锁步（第7步至第10步，图61-7至图61-10）

预备动作： 右脚重心，左脚打开。

- □ 第1步　上左脚。
- □ 第2步　右脚原地换重心。
- □ 第3步　退左脚，右脚在前交叉。
- □ 第4步　退右脚，左脚在前交叉。
- □ 第5步　退左脚，右脚在前交叉。
- □ 第6步　退右脚。
- □ 第7步　左脚在原地换重心。
- □ 第8步　上右脚，左脚在后交叉。
- □ 第9步　上左脚，右脚在后交叉。
- □ 第10步　上右脚，左脚在后交叉。

图61-1

图61-2

图61-3

图61-4

节奏与数拍： 1拍，1拍，半拍，半拍，1拍，半拍，半拍，1拍，半拍，半拍，1拍，1拍，1拍，半拍，半拍，1拍，半拍，半拍，1拍，半拍，半拍，1拍。

上身动作： 退左脚，右手收缩，左手延伸。上右脚，左手收缩，右手延伸。也可以一手按腹，一手延伸。

重要提示： 锁步动作幅度大，流动性强。是恰恰的一大特点，是在舞步之间起到连接和左右交换脚步的作用。从而增强了舞蹈的艺术性，跳的时候膝盖外露，形成拉丁交叉的姿势。

图61-5

图61-6

图61-7

图61-8

图61-9

图61-10

6. 定点转（图62-1至图62-6）

预备动作： 重心位于右脚，左脚打开。

□ 第1步　左脚穿越身体向右上步，留头。

□ 第2步　右脚原地推上来为轴右转180°，此时重心在两脚之间。

□ 第3步　右脚后退。右转180°。

□ 第4步　左脚并向右脚。

□ 第5步　右脚向右移动，左脚打开，换右脚，做同样的动作。

图62-1

图62-2

图62-3

图62-4

图62-5

图62-6

节奏与数拍： 1拍，1拍，半拍，半拍，1拍。

上身动作： 当上左脚时，右手收缩，左手延伸，并且利用右手收缩带动身体转动。

重要提示： 定点转转了一个全圆，所以有一只脚是不动的，定在地上。向哪个方向转，就要转回到这个方向上来，共360°，做两次转来完成这个动作，一次是转了180°，重心是在两脚之间转动的，一次是后2拍跳并步时转的180°，用手来带动和留头是旋转的重要环节。

7. 纽约步（图63-1至图63-6）

预备动作： 以左脚为重心，右脚打开，脚掌着地，脚背绷直。

□ 第1步 上右脚左转90°，右脚膝盖靠在左脚膝盖上，左手向左侧方打开，手掌朝下。

□ 第2步 重心换到左脚上。

□ 第3步 左脚回来，右转90°。

□ 第4步 右脚与左脚并步。

□ 第5步 右脚继续向右移动，左脚打开，脚掌着地，脚背绷直。换左脚上步，做相同的动作。

节奏与数拍： 1拍，1拍，半拍，半拍，1拍。

上身动作： 上右脚时，左手向左侧方延伸，右手向右斜前上方打开，注意肩膀要压住，把头抬起来，手掌朝下。左脚回来时，向前延伸的手可以用力捞过来。纽约步有三个方向的转向，一个向左1/4转，一个向右1/4转，然后回中。这6个动作熟练后可以连起来跳。结束时，可以做一个造型动作。如上左脚穿越身体，右转180°，右手向右上方伸展，手掌朝下，左手按腹，右脚弓步。

图63-1

图63-2

图63-3

图63-4

图63-5

图63-6

（二）恰恰舞基本套路

初级套路

顺序	步伐	节数
1	基本动作	3小节
2	开式扭臀步（成扇形位）	1小节
3	曲棍步＋2次前进锁步	3小节
4	3后退锁步	2小节
5	右陀螺转	3小节
6	纽约步	1小节
7	臂下右转	1小节
8	手对手	3小节
9	原地左转（定点转）	1小节
10	开式扭胯（成扇形）	2小节
11	阿里曼娜	2小节
12	闭式扭臀步	2小节

中级套路

顺序	步伐	节数
1	开式扭臀步到扇形位	2小节
2	曲棍步到开式位结束	2小节
3	阿里曼娜	2小节
4	手拉手	3小节
5	锁步加并步	1小节
6	纽约步	1小节
7	回来反身锁步加并步	1小节
8	纽约步	3小节
9	点转	1小节
10	肩对肩	3小节

11	时间步	2小节
12	点转	1小节
13	三个恰恰恰	4小节

第五节　街舞

一、街舞概述

街舞（英文名为Hip Hop），最早起源于20世纪70年代的美国纽约市黑人社区，是一种由发泄情绪的运动演绎而成的街边文化。特色是爆发力强，在舞动时，肢体所做的动作亦较其他舞蹈更随意、夸张，其最吸引人之处，是以全身的活力带来热情澎湃的感觉。街舞于20世纪80年代传入我国，因其轻松随意、自由个性和反叛精神而受到年轻人的喜欢。近几年各级、各类的街舞大赛也举办得如火如荼，使这项运动更专业化。此外，街舞强调全身的协调，尤其是肩、胸、腰、髋、膝等部位小动作的配合，经常练习可提高身体的灵活性和协调性，所以在舍弃许多高难度动作后，健身街舞也被许多热衷于健身的人士所喜爱。

街舞按照不同的风格分类可以分为：

1. BREAKING：是最早流行的一种街舞，因为它能体现年轻人精力旺盛的一面，他们的很多地面动作，譬如说翻滚、倒立、弹跳都是技巧比较高的个人街舞表演。

2. POPPING：运用身体各部位的肌肉和关节，随着音乐的节拍，加上自己丰富的想象力，创造出令人惊讶的舞步。

3. FREESTYLE：这是一种出神入化的舞步，它将各种类型的舞蹈混合在一起，随心所欲地表现，没有舞蹈风格的限定，脱离一般舞蹈的规范，可以说是一种个性化的街舞。

4. HOUSE：随着house音乐，运用复杂而神奇的步伐表现的一种舞步，它可以加上拉丁舞的扭腰、武术的空翻、踢踏舞的基本步以及芭蕾的转圈，跳起来既可以十分优雅，也可以相当狂野。

5. ROBOTING：像机器人一样舞蹈，风格机械化。

6. LOCKING：要求身体快速完成各种舞蹈动作。

7. SMURF：完成动作时身体像波浪一样从某一关节流向另一关节。

而街舞文化则包含有四个元素：一是地下涂鸦(Graffiti)，人们用各种色彩，像喷漆似地在墙面、地面各处作画，现已逐渐发展成为一种艺术形式。二是说唱(MC)，即音乐支持人，特指那些在众人面前直接作词说唱的人。三是玩唱片(DJ)，为MC提供音乐的人。四是舞者，指所有跳舞的人。

时代发展到今日，街舞文化被赋予了更宽泛的内涵，其领域更涵盖了衣着、说话、刺青、极限运动等。街舞与健美操相结合开始于20世纪80年代我国的健身房，健身教练将街舞的某些动作元素与健美操的动作元素相结合，开创了街舞风格的健美操。

二、街舞基本动作

街舞的基本动作由头、颈、肩、上肢、躯干等关节的屈伸、转动、绕环、摆振、波浪形扭动等组合而成，极富变化。本书中的街舞基本动作及套路主要针对没有基础的初学者制定。

（一）上肢类基本动作

1. 颈部动作

颈部的前、后、左、右屈伸和绕环动作。

2. 肩部动作

包括肩部的上提、下拉和单肩或双肩的绕环。

3. 胸部动作

包括含胸和展胸、振胸或绕环。

4. 腰、腹、髋的动作

收腹的绕环、向前、后、左、右的顶髋动作。

（二）下肢类基本动作

1. 屈膝弹动

双脚站立，膝关节屈伸弹动，可并腿，也可分腿。

2. 提膝弹动

重拍时，随着节奏抬左膝或者右膝，弱拍时还原，可以左右腿重复。

3. 膝关节的内收和外展

两腿膝关节相互靠近，形成内收姿势；或两腿膝关节彼此远离，形成外展姿势。也可一条腿做内收，另一条腿做外展。

4. 滑步

重拍时，左脚向左侧滑出一大步，弱拍时右脚跟上，双脚并拢。可以前后滑步，也可以左右滑步。

5. 踹腿

向左、右、前、后的踹腿动作。

6. 转体

包括双脚并拢或单脚交叉转体等。

7. 碾转步

包括脚尖着地和脚跟着地的各类碾转。

三、街舞套路（基本动作组合）

第1个8拍 （图64-1至图64-4）

步伐： 1~8拍，双腿并拢、屈膝，向左右方向弹动。

手臂： 双臂经体前交叉后打开，动作自然，富有弹性。

图64-1

图64-2

图64-3

图64-4

第2个8拍 （图65-1至图65-4）

步伐： 1拍，两脚向右侧碾转；2拍，反方向；3~4拍，重复1~2拍的动作；5拍，身体右转90°，右脚向正前方迈出；6拍，左脚前走；7~8拍，重复5~6拍动作。

手臂： 1拍，双手握拳，右臂向右侧拧转，左臂向左下方拧转；2拍，反方向；3~4拍，重复1-2拍的动作；5~8拍，双臂在胸前弯曲后经摆动伸直，随腿部动作反复进行。

图65-1

图65-2

图65-3

图65-4

第3个8拍 （图66-1至图66-7）

步伐： 1~4拍，右脚开始向后转体270°，4拍时，两腿分开站立；5拍，向后绕右肩；6拍，向后绕左肩；7~8拍，上提、下拉左右肩。

手臂： 1~4拍，双臂随动作自然摆动；5~8拍，双臂自然置于体侧。

图66-1

图66-2

图66-3

图66-4

图66-5

图66-6

图66-7

第4个8拍 （图67-1至图67-4）

步伐： 1拍，向右侧滑步；2拍，收左腿伸直；3~4拍，重复1~2拍动作；5~8拍动作同1-4拍动作。

手臂： 1拍，右臂伸直；2拍，将右臂拉回身体；3~4拍，左臂重复右臂动作；5~6拍，右臂顺时针绕环一圈；7~8拍，左臂顺时针绕环一圈。

图67-1

图67-2

图67-3

图67-4

第5个8拍 （图68-1至图68-3）

步伐： 1~4拍，双腿右侧弓步，4拍，左脚并右脚；5~8拍的动作同1~4拍的动作。

手臂： 1~2拍，身体微右转，双臂侧屈，含展胸；3~4拍，躯干向右做波浪形动作；5~8拍，重复1~4拍的动作。

图68-1

图68-2

图68-3

第6个8拍 （图69-1至图69-6）

步伐： 1拍，右脚左前侧踹，身体右倾；2拍，右脚右侧踹，身体左倾；3拍前半拍，右脚后撤；3拍后半拍，重心落于左脚抬右脚；4拍，重心落于右脚抬左脚；5~8拍，与1~4拍的动作相同，方向相反。

手臂： 双臂在体侧自然摆动。

图69-1

图69-2

图69-3

图69-4

图69-5

图69-6

第7个8拍 （图70-1至图70-14）

步伐： 1拍前半拍，右脚向正左方跨出一步，同时身体左转90°，屈双膝；1拍后半拍，双膝伸直；2拍，与1拍的动作相同；3拍，双腿跳转270°回到正前方；4拍，交叉双腿；5~6拍，转体360°；7拍，后撤右腿；8拍；左腿并右腿还原。

手臂： 1~6拍，置于体侧随身体自然摆动；7拍，双臂前伸；8拍，双臂收回体侧。

图70-1

图70-2

图70-3

图70-4

图70-5

图70-6

图70-7

图70-8

图70-9

图70-10

图70-11

图70-12

图70-13

图70-14

第8个8拍 （图71-1至图71-8）

步伐： 1拍前半拍，右腿向前跨出一步并向前顶右髋；1拍后半拍，髋部收回；2拍，与1拍的动作相同；3~4拍，换左脚向前，与1~2拍动作相同；5拍，右脚向右侧跨出一步，同时身体向左侧俯身；6拍，身体躯干经左侧平移到右侧；7拍，快速完成5、6拍的动作，将身体经右侧平移到左侧；7达，右脚并左脚，并将身体左屈；8拍，还原身体。

图71-1

图71-2

图71-3

图71-4

手臂： 1~4拍，双臂自然垂直于体侧；5~7拍，双手扶膝盖；8拍，双臂自然置于体侧。

图71-5

图71-6

图71-7

图71-8

第六节　瑜伽

一、瑜伽概述

（一）瑜伽的起源

瑜伽起源于6000年前的印度北部，是古代印度哲学六大派系中的一派。瑜伽一词是梵语，意思是“自我”（atam）和“原始动因”（the Original Cause）的结合或一致。广义的瑜伽是哲学，狭义的瑜伽是指精神与肉体的结合运动，即通过瑜伽的呼吸运动和体位练习，使感觉从身体末梢开始进行调整，通过神经通路把心调顺，反过来通过传递回路反馈到全身，使身心合二为一，促进身心健康。长期进行瑜伽练习，既能使练习者强健体魄，改善体形，又能让练习者逐步深化对自我的了解，善于在散乱的情绪中平静下来，逐渐达到更加完美的精神认识状态，有益于身心健康。

（二）瑜伽的体系

瑜伽的分支体系有许多种，但主要的体系有：

哈塔瑜伽（Hatha Yoga）： 是身体洁净、呼吸和各种体格锻炼的方法。

八支分法瑜伽(Astanga Yoga）： 是包括姿势锻炼、呼吸、冥想等8部分组成的瑜伽体系。

智瑜伽（Jnglay Yoga）： 是探讨生命力与物质、真与非真、恒久与暂时的哲学思辨的瑜伽体系。

实践瑜伽（Kmtra Yoga）： 是包括无私活动或工作体系的瑜伽。

语言冥想瑜伽（Mantra Yoga）： 是修炼、意守的瑜伽语音体系。

爱心服务瑜伽（Bhakiti Yoga）： 是对绝对整体的奉献服务的瑜伽体系。

嗒多罗瑜伽（Tantra Yoga）： 是把能量向内和向上运行并加以回收的瑜伽体系。

（三）瑜伽的呼吸

一般的瑜伽呼吸方式有以下三种：

1. 胸式呼吸

将手轻轻搭放到肋骨上，吸气时胸部打开，肋骨向上向外扩张，但不要让腹部扩张。腹部应保持平坦，当练习者用这种方式呼吸时，会注意到：吸气时肋骨是向外和向上扩张的，呼气时肋骨向内向下收缩。

2. 腹式呼吸

将手轻轻搭放在腹部，吸气时，直接把气深吸到腹部，手会随着气体的吸入而被抬起，吸气越深，腹部就会升得越高。随着腹部扩张，横隔膜就会向下降；呼气时，腹部朝脊柱方向收缩，尽量收缩腹部，将所有的空气呼出双肺，这时横膈膜会自然上升。

3. 完全式呼吸

是以上两种呼吸类型的结合，略加练习之后，这种呼吸方法就会在日常生活和练习中自动进行，习以为常，用下面的方法练习完全式的呼吸：首先将气体吸到腹部区域,腹部隆起，继续向上尽量将胸部吸满空气而扩大到最大程度，此时腹部向内收紧。双肩可能会略微升起，当吸气吸到双肺的最大容量时，按相反的顺序呼气，首先放松胸部，然后用收缩腹部肌肉的方法结束呼气。这确保从肺部呼出大量空气，然后再慢慢吸气如此循环下去。

在练习瑜伽体位时，动作与呼吸的配合至关重要。一般情况下，深而长的呼吸能增加氧气的供应，血液得到净化，呼吸系统机能得到提高。但是不恰当的呼吸，如长时间的憋气会对练习者产生不良的影响。通常做类似于扩胸、抬手臂、俯卧抬头、提肩等动作时吸气；向下落臂、弯腰、低头等动作时呼气。在练习中，注意体会呼吸的方法，坚持一段时间后即能运用自如。

（四）练习瑜伽的注意事项

练习前后两小时内不得进食，一小时内不宜饮水，以防发生胃痉挛，练习后半小时后方可沐浴，以免身体着凉。

练习时穿宽松高弹的衣服，尽量去除身体上的一切束缚，比如手机、手链、项链等，最好能赤脚进行练习，以防打滑。

练习时，不要勉强用力，要在身体极限边缘温和伸展，一定不要超越自己的极限。如果听到骨骼发出“咯咯”的响声，不要担心，这是你的身体正在变得灵活、松动的表现。但如果在练习某一姿势时，身体发生剧痛，则应立即停止练习，进行按摩或其他恰当手段进行调整，严重时应及时就医。

每一个练习都应该做得缓慢，步骤分明。练习时应贯彻的原则是：练习的过程比达到的结果更为重要，不要匆匆忙忙地做，做了几个姿势或感到需要时，应做短暂的休息或调息。

初学者在呼吸时要尽量用鼻子，不要用嘴巴。鼻毛可以过滤空气中的有害细菌，也可以调节空气与身体的温差，用鼻呼吸还可以安定神经。

若有严重的心血管、呼吸、骨科等系统病症，应先征得医生的同意，才能在有经验的瑜伽老师指导下，选择适当的瑜伽姿势或呼吸方式练习。

患有高度近视、高血压、青光眼、视网膜脱落、耳出脓、颈椎病的人，必须避免做各种倒立动作，在学习倒立动作时，应先学习肩倒立，后学习头倒立。练习时，应先做肩倒立后做头倒立。患颈椎病的人在学习倒立时，应在有经验的瑜伽教练指导下再练习。

虽然瑜伽练习能在某种程度上起到治病作用，但是一个人若患了严重的病痛，也不应该一味地迷信于瑜伽的功效而忽略了寻求医学帮助。

练习瑜伽时，不要追求动作的难度和标准化（即要达到教练的示范标准）。要根据自身的实际情况选择适合的瑜伽体位进行练习，原则是先易后难、循序渐进。

练习时，最好能在一张垫子或地毯上练习。练习的氛围最好能和平、安静、通风良好、空气清新。

二、瑜伽姿势举例

瑜伽由几百种不同的姿势练习方式，它不同于体操或者舞蹈动作，没有快速的运动，也不会引起急剧的呼吸。瑜伽姿势在完成时，强调缓慢和步骤分明。练习者在练习过程中要把注意力放在姿势练习所引起的身体部位的感觉上。正确、适宜的瑜伽姿势练习可以帮助练习者改善身体的灵活性和柔韧性，改善体形和纠正不良的身体姿势。在实际练习瑜伽的过程中，每一个动作都不只是单纯地依靠身体的某一个部位，而是涉及身体几个部位的协同完成，因此本书中根据锻炼部位的不同进行的瑜伽姿势列举也是具有相对性的，仅供读者参考，大家应该在完成动作的同时注意体会动作给身体带来的不同感受。

（一）锻炼颈部的瑜伽姿势

此类动作可以按摩颈部的神经、肌肉、韧带，帮助缓解颈部的疲劳，易于消除紧张和疼痛。

动作要领 （图72-1至图72-9）

□ 瑜伽坐姿准备，保持肩背部平直，脊柱正直，双眼直视，注意力集中在颈部；

□ 吸气抬头、呼气低头，注意力集中在颈部的前后伸展上；

□ 吸气，颈部不动，呼气，颈部转向正右方；吸气，颈部还原，呼气，颈部转向正左方，注意力集中在颈部的左右伸展上。

图72-1

图72-2

图72-3

图72-4

□ 吸气，保持面部向前，呼气，用右耳去找右侧肩膀；吸气，还原颈部，呼气，用左耳去找左侧肩膀，吸气，还原。注意力放在颈部两侧的拉伸上。

□ 调整好呼吸，顺时针绕环颈部后逆时针绕环颈部，注意力放在整个颈部的韧带拉伸上。

图72-5

图72-6

图72-7

图72-8

图72-9

（二）锻炼手臂的瑜伽姿势举例（手臂伸展式）

此类动作在伸展手臂的同时，帮助消除手臂上多余的赘肉，长期练习可使手臂看上去修长，匀称。

动作要领　（图73）

□ 挺胸、抬头、收腹，保持身体直立，两脚并拢，两臂置于体侧。

□ 吸气，两腕交错，慢慢向上抬起，置于头顶正上方伸直，同时颈部慢慢后仰。

□ 保持姿势十秒钟，将注意力放在伸直的双臂上。

□ 缓慢呼气，还原颈部，将双臂放下至侧平举，再还原体侧。

图73

（三）锻炼腹部的瑜伽姿势举例（船式、半舰式）

此类动作可以强壮腹部肌群、消除腹部多余脂肪的同时，强壮双腿和背部的力量。

船式动作要领　（图74）

□ 仰卧姿势准备，两腿伸直。

□ 双臂置于体侧，掌心向下。

□ 吸气抬头，同时用腹部的力量将上体、双臂、两腿全部抬起，与地面所成夹角大约为30°。

□ 双臂向前伸直与地面保持平行。

□ 在此姿势上保持几秒钟，将注意力放在腹部。

□ 呼气，将身体抬起的各部位缓慢地放回地面，放松身体。

图74

半舰式动作要领 （图75）

□ 双腿伸直、腰背部挺直，坐于地面。

□ 食指交叉相握，置于脑后。

□ 呼气，上体微后倾，两脚离开地面。

□ 腿部与地面形成的角度和上体与地面形成的角度一致。

□ 自然呼吸，保持此姿势20秒左右，将注意力放在腹部。

图75

（四）锻炼腰部的瑜伽姿势举例（腰躯转动式、风吹树式）

此类动作可以帮助消除腰部多余的赘肉，塑造优美的腰部曲线。

腰躯转动式动作要领 （图76-1至图76-3）

□ 挺直脊背站立，双腿分开，与肩同宽或比肩略宽。

□ 将两臂从两侧举起，与地面平行，伸直两臂。

□ 将躯体转向正右方，左手置于右肩膀上，右手放在左侧腰部。

□ 保持上述姿势，将躯体转向正左方。

□ 自然呼吸，将注意力放在腰部。

图76-1

图76-2

图76-3

风吹树式动作要领 （图77-1、图77-2）

□ 挺直脊背站立，双臂置于体侧，双腿分开与肩同宽，或比肩略宽。

□ 十指交叉相握，慢慢上举至头顶，翻转掌心向上。

□ 上体躯干从腰部开始向正右方侧倾，使双臂与地面保持平行。

□ 保持上述姿势几秒钟后左倾。

□ 重复完成上述动作几次后，将身体还原，放下双臂，置于体侧放松。

图77-1

图77-2

（五）锻炼背部的瑜伽姿势举例（摇摆式、轮式）

此类动作可以增加背部的血液循环，放松僵硬的背部，强壮背部。

摇摆式动作要领 （图78-1、图78-2）

□ 平直身体，仰卧在垫子上，两臂置于体侧。

图78-1

图78-2

☐ 调整好呼吸，曲膝，两手十指交叉相握置于双膝之下。

☐ 吸气向前、呼气向后地摇摆身体。

☐ 重复此姿势3~5次。

☐ 呼气，将身体还原至仰卧位放松。

轮式动作要领　（图79）

☐ 平直身体，仰卧在垫子上，两臂置于体侧。

☐ 曲膝，将双脚的脚跟贴近臀部。

☐ 双手置于头部两边，掌心贴地，指尖指向臀部，

☐ 吸气，抬起臀部，手臂和双脚支撑身体成拱桥形。

☐ 保持此姿势20秒左右，调整好呼吸。

☐ 呼气，慢慢将头放回地面，在还原背部，伸直双腿，放松身体。

图79

(六)锻炼腿部的瑜伽姿势举例（幻椅式、战士一式、战士二式）

此类动作可以强壮腿部力量，改善腿形。

幻椅式动作要领　（图80）

☐ 挺直脊背，两脚并拢站立。

☐ 调整好呼吸，两手合十，伸直至头顶上方。

☐ 呼气，重心下移，曲膝，使大腿与地面保持平行，像坐在一张椅子上。

☐ 保持姿势20秒，将注意力放在大腿上，保持自然的呼吸。

☐ 吸气，手臂缓慢还原，恢复基本的站立位，放松身体。

图80

战士一式动作要领　（图81）

☐ 挺直脊背站立，两脚并拢，双臂自然垂于体侧。

☐ 两手合十，伸直至头顶上方。

☐ 吸气，两脚打开两倍于肩宽。

☐ 向右侧转体90°，曲膝，直到右侧小腿垂直于地面，大腿与地面保持平行且膝盖不超过脚尖，左腿伸直。

☐ 抬头，眼睛注视合十的手指，伸展脊柱。

☐ 保持姿势20秒左右，自然呼吸。

☐ 缓慢还原到基本的站立位，做反方向的动作，要领同上。

图81

图82

战士二式动作要领 （图82）

□ 挺直脊背站立，两脚并拢，双臂自然垂于体侧。

□ 调整呼吸，两脚打开两倍于肩宽。

□ 两臂侧平举，与地面保持平行。

□ 颈部和躯体微右转，重心下移，曲右膝至大腿与地面保持平行，小腿垂直于地面且膝盖不超过脚尖，左腿伸直。

□ 双臂尽量向两侧伸展。

□ 保持姿势约20秒，保持自然呼吸。

□ 还原到两臂侧平举，与地面保持平行的位置。

□ 转向左方重复全部练习，要领同上。

（七）锻炼全身各部位的瑜伽姿势举例（拜日式）

祈祷式（图83-1） 站立，头、颈、躯干成一条直线，初学者可以双脚微微分开。双手合十置于胸前，眼睛轻轻闭上，静静地站立，注意力集中在呼吸上，调匀呼吸，心中默想永恒至上的意识。

展臂式（双臂向上举）（图83-2） 吸气，手轻轻向上向前伸举，掌心朝下。手过肩后，掌心向前，直举至头顶，贴住两耳。腿部伸直，头置于手臂中间。将脊椎拱起，在无丝毫勉强的情况下，尽量向后弯曲。

前屈式（手触脚式）（图83-3） 吐气，从臀部起上半身向前弯，背部伸直，手臂贴住两耳。继续向前弯，将手掌置于足部两侧，手指与脚排成一列。头与膝相接触，腿部不可弯曲。如果双手无法置于地面，腿不可弯曲，只须尽力向前弯即可。

马式（图83-4） 吸气，尽量向后伸出右腿。同时屈左腿，但左脚要保持原位。两臂保持伸直，在原位上。动作末尾时，身体重量应当由两手、左脚、右膝和右脚趾来支撑。在最后的姿势中，头应向后仰起，背成弓形，向上凝视。从头部至脚尖构成一条平滑、优美的曲线。

八体投地式（图83-5） 吐气，首先弯曲手臂，使膝盖、胸部与地面相接触，脚尖与胸部成一直线。收下巴，使额头平贴地面。在本姿势里，仅脚趾、膝部、胸部、双手和前额与地面接触，鼻子并未触及地面，手肘贴住身体两侧。

镜蛇式（图83-6） 手肘及前额不动，放松并伸直双脚，使脚背平贴地面。吸气，慢慢抬起头部，首先是鼻子，接着下巴与地面相接触，然后将头部向前向上仰起。不使用手臂或手肘之力量，慢慢将肩膀及胸部抬起，向上仰视并尽力向后弯。在本姿势里，肚脐保持平贴地面，仅使用背肌之力量将胸部抬起。不要利用手臂、手掌之力将身体撑离地面，只是使用他们来平衡身体。双腿与足部保持并拢并放松。

前屈式（手触脚式）（图83-7） 吐气，将左脚收回与右脚靠拢，手掌着地手臂伸直。双腿伸直，头碰膝部。

山岳式（图83-8） 手及足部位置不变，双脚伸直，脚前掌着地，脚尖朝向头部。吐气，手臂伸直，臀部向上提起。将头部置于两臂之间，脚后跟尽量贴近地面。

骑马式（图83-9） 吸气，右膝曲起，慢回右腿，置右足于两手之间，手指与脚趾成一线排列。左膝及左脚背平贴地面，背部尽量向下弯，头向上仰视。

展臂式（双臂向上举）（图83-10） 吸气，上身慢慢抬起，手心向上，手臂向上向后伸展。注意手臂须贴住身体，腿不可弯曲。

祈祷式（图83-11） 吐气，还原至站姿，双手慢慢下垂，双手合十置于胸前。

图83-1

图83-2

图83-3

图83-4

图83-5

图83-6

图83-7

图83-8

图83-9

图83-10

图83-11

（八）锻炼人体平衡能力的瑜伽姿势举例（战士三式、树式）

战士三式动作要领 （图84）

□ 两手合十，伸直至头顶正上方。

□ 吸气，打开双腿并向正右方转体90° ，同时右脚的脚尖转向正右方。

□ 曲右膝直到大腿与地面保持平行，小腿垂直于地面，且膝盖不超过脚尖，左腿伸直。

□ 重心移至右腿上并伸直右腿，抬起左腿与地面平行，向正右方伸直双臂，且与地面平行。

□ 双臂、上身、左腿在一条直线上，且与地面保持平行。

□ 保持姿势20秒左右，自然地呼吸。

□ 呼气，缓慢地还原身体，回到原站立位，放松身体。

□ 换方向做左侧，动作要领同上。

图84

树式动作要领 （图85）

□ 挺直脊背站立，两脚并拢，双臂垂直于体侧。

□ 调整好呼吸，将右腿提起，右脚置于左大腿腹股沟与大腿的连接处。

□ 双手合十，高举至头顶正上方。

□ 保持此姿势20秒左右，自然呼吸。

□ 呼气，将双手合掌置于胸前后还原至体侧。

□ 伸直右腿放下，还原至站立位。

□ 换方向做左侧，动作要领同上。

图85

第七节 普拉提

一、普拉提概述

普拉提始于20世纪的中期，是一种舒缓全身肌肉、提高人体躯干控制能力的健身方法。此训练法是由德国的约瑟夫·普拉提于1926年创立并推广的一种静力性运动健身体系。普拉提注重对身体肌肉的控制能力和生理机能进行训练，是一种介于健美操和瑜伽之间的运动方式。此方式满足了那些对音乐的理解能力和肢体协调能力较差而不愿从事健美操训练，又不愿接受瑜伽思想、饮食等约束的人群的健身需求，近年来深受广大健身爱好者的喜爱。随着现代社会的发展和人们对普拉提健身理念认识的不断加深，人们对普拉提训练法进行了一些个性化的改善，融入了瑜珈、太极、芭蕾形体等相关健身方式的动作元素和健身理念，其次普拉提的练习形式也出现了多样性，如健身球普拉提、直立普拉提、弹力绳普拉提、小球普拉提等，使普拉提的训练方法得到了提升。

普拉提的运动速度相对平和，属于静力状态的运动，不会对关节和肌肉产生伤害。在完成动作的同时人体既有紧张也有放松，有步伐的转换，也有呼吸上的调整，这使锻炼者更容易控制身体，减少因姿势错误而导致运动损伤出现的负面作用。瑜伽训练强调运动时的身心的专注、动作的控制、轴心的把握、动作姿势的准确、呼吸与动作的配合、动作完成的流畅、持久和冥想时的放松。而普拉提运动遵循运用自身体重、多次数、小重量以及冥想相结合的训练原则，训练时鼻吸口呼，主要对腹肌、髋肌群、肩、背等部位和关节进行有规律的肌肉训练，从而改善人体肌肉功能。普拉提对运动场地要求较低，只要有一片柔软合适的地毯或者垫子就可以进行练习。长期进行有规律的普拉提锻炼可纠正身体姿态，放松腰部、颈部，收紧手臂、腹部的松弛肌肉，解决肩部问题，加强肌肉力量，使身体线条更加流畅，而且对静脉曲张、便秘、关节炎、骨质疏松等症状有明显的改善作用，现在也有很多专业运动员用普拉提练习来避免运动损伤。

二、练习普拉提的注意事项

1. 练习前要做好充分的热身。
2. 尽量穿紧身运动服练习，可以随时检查肌肉是否处于紧张状态。
3. 由于大部分动作是躺在垫子上完成，所以建议女性选择适当的发型。
4. 对于初学者来说，选择普拉提动作时一定要遵循人体生理解剖的力学规律，挑选适合自身健康的动作练习，避免选择难度过大而难以控制的动作。
5. 完成动作时一定要注意动作的准确，保持正确的姿势，尤其是保持脊柱的正常生理弯曲，学会控制的方法，初学者应在专业教练的指导下练习。
6. 进行普拉提训练时，呼吸与动作的配合要顺畅，应避免岔气。
7. 进行普拉提练习时，伴奏音乐没有特定的风格，但一般以柔和的轻音乐为主，节拍一般在每分钟100~125拍左右，避免选择节奏变化较大的音乐。

三、练习普拉提的基本功训练

1、普拉提站姿

两个脚踝相接，形成一个V字。站立时应收紧臀部，把大腿后侧互相贴紧，大腿骨从盆腔处向外转，双脚打开成V字，小腿和双脚保持放松延伸。

2、横向呼吸法

运用横向呼吸法，能促进形成正确的动作模式，同时让肺部吸纳最大量的氧气。吸气时，胸腔骨的下部横向扩张，呼气时下陷，同时保持腹部一直收缩内曲。坐或站直，置双手于胸腔骨旁。吸气，胸腔骨横向扩张，肚子不要上涨，感觉胸骨的移动，沉肩。吸气时，尽量将胸腔骨下陷进身体，感觉两边胸骨往中央移近。

3、凝聚轴心/力量区域

轴心或力量区域是指一系列构成和稳定身体中心的肌肉。这些肌肉包括腹肌（尤其是腹横肌），下背肌和盆腔底肌。要达到良好的轴心稳定，需要在拉进下腹的同时，收缩盆腔底肌，启动深层的腹横肌。盆腔底肌位于盆腔底部，而腹横肌是包围着下腹和腰肢的一条内层腰带。要启动盆腔底肌，就要把盆腔底向内向上抽紧。当缓缓抽紧盆腔底肌时，多裂肌（这个很难感觉到）和腹横机就会同时收缩。持续下腹的收紧，这种收缩要向上和向内地往脊骨方向。不要用尽全力收缩，达到完全收紧的30%-40%就是凝聚轴心的标准力度。

4、轴心盒子

很多人在练习普拉提时都会习惯性地依赖一边身体，而普拉提练习正是通过让人意识到这些不平衡，进而纠正它们。练习时可幻想四条直线，将两边肩膀和两边盆骨相连，形成一个“盒子”。做动作时要时刻提醒自己四条线是不是周正，“盒子”的概念要时刻牢记。

5、下巴抵进胸前

在垫子上做的多数普拉提动作都是在仰卧姿势中抬起头和手脚。正确的头部位置对于增加腹肌运用和减少颈部压力十分重要。头应该提起向前至锁骨上，下巴应抵进胸骨。下巴和胸膛之间应有约一个拳头的距离，视线则固定于轴心位置，这样有助于运动时用眼睛检查躯干和双脚的位置。初学者往往把下巴太贴近胸骨，或将头向后昂，因而感到颈部疼痛。

6、延伸背骨和四肢

做普拉提动作时，应注意挺直和延伸脊骨，减小脊椎间的压缩，这样有助于改善不良的身体姿势。延伸四肢，则有助于增强四肢的肌肉力量。要注意肢体的调准，腕关节、肘关节和膝关节的动作要符合运动学规律。在延伸或做动作的同时要注意确立脊骨和骨盆部的自然中轴位置。当骨盆部处于自然中轴时，下背脊骨就会自动落入它的中轴位置了。尽量做每一个普拉提动作时都保持这个自然中轴位置。

四 普拉提的动作举例

1. 单腿动作 （图86）

上体抬起，肩膀离地，左腿伸直，右腿弯曲。右腿外侧手抱住脚踝，内侧手抱膝，呼吸1次。换腿，重复上述动作。如此左右两侧各交换8~10次。

提示： 整个过程中上体不要放松，上背部要离地。

作用： 这组动作让身体更具有协调性，同时锻炼了身体上部的韧性和腹部肌肉、脊椎和其他骨骼的灵活度。

图86

2. 双腿动作 （图87-1、图87-2）

上体抬起，双膝收到胸前，把身体团紧。然后双手抱膝，吸气，并伸展开身体。呼吸的同时把身体收回到团紧状态。重复8~10次。

提示： 动作中上体保持不变，肩膀要离开地面，打开身体的时候双臂从前到上，收回时是从旁边收回，抱膝。

作用： 这是一组伸张动作，类似游泳的动作，可以让身体和身体关节伸张开来，得到完全的放松。

图87-1

图87-2

3. 腿部环绕 （图88）

身体平躺在垫子上，双臂放于体侧。先把一条腿向上举起，另一条伸直或者弯曲放在地上，腹部收紧，腰部贴紧地面。吸气的时候用向上举起的腿划圈，方向顺逆均可，呼气时则回到起点，并停止动作。这样一个方向做4~6次，然后换方向再做4~6次。

提示： 过程中腿部环绕的幅度不要太大，并保持臀部、髋关节不动。

作用： 这组动作锻炼了腿部肌肉，能让腿部保持优美的曲线，同时配合的呼吸能合理调节内脏功能，让动作更灵活和协调。

图88

4. 侧面动作（图89）

侧卧，让头、肩、髋部在一条直线上。双腿稍向前收，左腿脚尖蹬地，脚后跟抬起，右腿抬起与髋同高，吸气右腿后展，夹臀，呼气时向前踢2次。换腿重复。两侧各做6~8次。

提示： 动作中肩膀要放松，控制上体，不能松懈。

作用： 可以强化上肢肌肉，包括胸肌、上背部肌肉及腹横肌，同时提高肌肉的柔韧性。

图89

5. 全身动作（图90）

手和脚的位置固定不动，双腿弯曲，右腿在前，左腿在后。吸气时单臂支撑身体起来，同时右手向上举起，这时，全身挺直成一条线，呼气时缓缓落下。换腿练习，各做4~6次。

提示： 动作缓慢，控制有力。在完成时若有困难，可用肘关节支撑于地上。

作用： 这是关于身体平衡性的锻炼，能让身体更硬朗。同时锻炼了双腿各关节的灵活度。

图90

6. 桥式 （图91）

仰面躺在地面上，膝盖弯曲，双脚平放在地上，分开与肩同宽。双臂自然放在身体两侧，手掌朝下。做一个深呼吸，在收缩腹部的时候呼气，然后慢慢地弯曲髋关节，抬起臀部，用臀部和下背部（而不是手臂）抬起身体。用肩膀上部来支撑住上半部身体（而不是颈部），仅仅用手来保持平衡。保持这个动作10~15秒钟，放松，然后再重复做一次。

提示： 动作缓慢、调整好呼吸，如果有颈部疼痛的问题，就不要做这个动作。

作用： 缓解各种原因导致的脊柱疲劳或不正常的生理弯曲等现象。

图91

7. 脊椎前伸运动 （图92-1、图92-2）

坐在地上，双腿伸直，双脚分开与肩同宽，双脚放松，膝盖轻微弯曲。腹部收向脊椎方向。向前伸开双臂，与胸部持平，保持肩膀放松。身体向前弯曲时呼气。继续向前弯曲，放低头，颈部、肩膀和肋骨直到脊椎形成一个C字形。吸气，然后回到初始位置。重复动作3~5次。

提示： 注意呼吸与动作的配合。

作用： 缓解各种原因导致的脊柱疲劳或不正常的生理弯曲等现象。

图92-1

图92-2

第三章
礼仪概述

第一节 礼仪的概念

一、礼仪的概念

什么是礼仪？礼仪指的是人们在社会交往中由于受历史传统、风俗习惯、宗教信仰、时代潮流等因素的影响而形成的，既为人们所认同，又为人们所遵守，以建立和谐关系为目的的各种符合礼的精神及要求的行为准则或规范的总和。

由于礼仪是社会、道德、习俗、宗教等方面人们行为的规范，所以它是人们文明程度和道德修养的一种外在表现形式。礼仪是人际交往的通行证。

二、相关概念的辨析

礼貌指一个人在待人处事时，为了表示对他人的尊重、友好，在仪表、仪容、仪态以及语言和动作上谦虚恭敬的表现。如一个微笑、一声“您好”。

礼节指人们在日常生活、特别是在交际场合中，相互表示尊重、祝颂、问候、致意、致谢、哀悼、慰问以及给予必要的协助与照料的惯用形式。如作揖、跪拜、握手、双手合十、拥抱、亲吻等。

礼仪涵盖了礼貌和礼节，礼仪在层面上高于礼貌、礼节，其内涵更深、更广，实际上是由一系列具体的、表现礼貌的礼节所构成，礼貌是礼节的基础，礼节是礼仪的基本组成部分。

第二节 礼仪的原则和功能

一、礼仪的基本原则

宽容的原则：即人们在交际活动中运用礼仪时，既要严于律己，更要宽以待人。

敬人的原则：即人们在社会交往中，要敬人之心常存，处处不可失敬于人，不可伤害他人的个人尊严，更不能侮辱对方的人格。

自律的原则：这是礼仪的基础和出发点。学习、应用礼仪，最重要的就是要自我要求、自我约束、自我控制、自我对照、自我反省、自我检点。

遵守的原则：在交际应酬中，每一位参与者都必须自觉、自愿地遵守礼仪，用礼仪去规范自己在交往活动中的言行举止。

适度的原则：应用礼仪时要注意做到把握分寸，认真得体。

真诚的原则：运用礼仪时，务必诚信无欺，言行一致，表里如一。

从俗的原则：由于国情、民族、文化背景的不同，必须坚持入乡随俗，与绝大多数人的习惯做法保持一致，切勿目中无人、自以为是。

平等的原则：是礼仪的核心，即尊重交往对象、以礼相待，对任何交往对象都必须一视同仁，给予同等程度的礼遇。

二、礼仪的功能和作用

沟通的功能：人们在社会交往中，只要双方都自觉地遵守礼仪规范，就容易沟通感情，从而使交际往来容易成功。

协调的功能：在社会交往时，只要人们注重礼仪规范，就能够互相尊重，友好合作，从而缓和或避免不必要的冲突和障碍。

维护的功能：礼仪是社会文明发展程度的反映和标志，同时也对社会的风尚产生广泛、持久和深刻的影响。讲礼仪的人越多，社会便会越和谐安定。

教育的功能：礼仪通过评价、劝阻、示范等教育形式纠正人们不正确的行为习惯，倡导人们按礼仪规范的要求协调人际关系，维护社会正常生活。讲究礼仪的人同时也起着榜样的作用，潜移默化地影响着周围的人。

第四章
身势语言

第一节 目光

目光是人在交往时，一种深情的、含蓄的无声语言，往往可以表达有声语言难以表现的意义和情感。“眼睛是心灵的窗口”，它在很大程度上能如实反映一个人的内心世界。一个良好的交际形象，目光应是坦然、亲切、和蔼、有神的。

一、注视时间

在整个交谈过程中，与对方目光接触的时间应该累计达到全部交谈过程的50%~70%，其余30%~50%时间，可注视对方脸部以外5~10米处，这样比较自然、有礼貌。

二、注视区域

场合不同，注视的部位也不同。一般分为公务凝视、社交凝视、亲密凝视。

（一）公务凝视

在洽谈、磋商、谈判等严肃场合，目光要给人一种严肃、认真的感觉。注视的位置在对方双眼或双眼与额头之间的区域。

（二）社交凝视

这是指在各种社交场合使用的注视方式。注视的位置在对方唇心到双眼之间的三角区域。

（三）亲密凝视

这是亲人、恋人、家庭成员之间使用的注视方式。凝视的位置在对方双眼到胸部之间。

三、注视方式

无论是使用公务凝视、社交凝视或是亲密凝视，都要注意不可将视线长时间固定在所要注视的位置上。这是因为，人本能地认为，过分地被人凝视是在窥视自己内心深处的隐私。所以，双方交谈时，应适当地将视线从固定的位置上移动片刻。这样能使对方心理放松，感觉平等，易于交往。

当与人说话时，目光要集中注视对方；听人说话时，要看着对方的眼睛，这是一种既讲礼貌又不易疲劳的方法。如果表示对谈话感兴趣，就要用柔和友善的目光正视对方的眼睛；如果想要中断与对方的谈话，可以有意识地将目光稍稍转向他处。尽量不要以视线直视对方眼睛，因为对方除了会以为你在窥视他心中的隐秘，还会认为在向他表示不信任、审视和抗议。但在谈判和辩论时，就不要轻易移开目光，可直到使对方目光转移为止。当对方说了错误的话正在拘谨害羞时，不要马上转移自己的视线，而要用亲切、柔和、理解的目光继续看着对方，否则对方会误认为你高傲，在讽刺和嘲笑他。谈兴正浓时，切勿东张西望或看表，否则对方会以为你听得不耐烦，这是一种失礼的表现。

第二节 微笑

微笑是一种艺术。作为礼仪的笑容应该是美好、自然的。公关人员要塑造美好的笑容，就要加强笑的艺术修养，剔除不良习惯，做到四要四不要。

一、四要

一要口、眼、鼻、眉、肌、嘴结合，做到真笑。发自内心的微笑，会自然调动人的五官：眼睛略眯起、有神，眉毛上扬并稍弯，鼻翼张开，脸肌收拢，嘴角上翘，唇不露齿。做到眼到、眉到、鼻到、肌到、嘴到，才会亲切可人，打动人心。

二要神情结合，显出气质。笑的时候要精神饱满、神采奕奕，要笑得亲切、甜美。这样的笑伴以稳重、伴以文化修养，就能显出气质。微笑在于它是含笑于面部，"含"给人以回味、深刻、包容性。一位艺术家曾说，他喜欢面带笑意的含蓄感，但如果露齿或张嘴笑起来，再好的气质就没有了。

三要声情并茂，相辅相成。在公关工作中，微笑和语言美往往是孪生子，甜美的微笑伴以礼貌的语言，二者相映生辉。如果脸上微笑，却出言不逊，语言粗野，其微笑就失去了意义；如果语言文明礼貌，却面无表情，冰冷一块，会令人怀疑你的诚意。只有声情并茂，热情诚意才能为人理解，并且相辅相成，锦上添花。

四要与仪表举止的美和谐一致，从外表形成完美统一的效果。

二、四不要

不要缺乏诚意，强装笑脸；不要露出笑容随即收起；不要仅为情绪左右而笑；不要把微笑只留给上级、朋友等少数人。

三、笑的训练

假如你平时不苟言笑，可以通过训练有意识地改变自己。当你独处的时候，深呼吸、唱歌或听愉快的歌曲。对着镜子，做最使自己满意的表情，到离开镜子时也不要改变它。忘掉自我和一切烦恼，让心中充满爱意。在实际工作中如何运用好微笑，一方面要靠必要的礼貌修养，另一方面还靠技巧和训练，才能把最美的微笑奉献给周围的人。

第三节 站立姿势

一、站姿的基本要领

1. 头正，双目平视，嘴唇微闭，下颌微收，面部平和自然。

2. 双肩放松，稍向下沉，身体有向上的感觉，呼吸自然。双肩撑开并稍向后展；

3. 躯干挺直，收腹，挺胸，立腰。全身从脚心开始微微上扬，后腰收紧，骨盆上提，腿部肌肉绷紧、膝盖内侧夹紧；

4. 双臂放松，自然下垂于体侧，手指自然弯曲。双手微微收拢，自然下垂；

5. 双腿并拢立直，膝、两脚跟靠紧，脚尖分开成60°，身体重心放在两脚中间。

标准站姿的关键是三个部位，一是髋部向上提，脚趾抓地，二是腹肌、臀肌保持一定的肌紧张，前后形成夹力，三是头顶上悬，肩向下沉。这三个部位的肌肉相互牵制，才能保持标准的站姿。

二、不同性别的站姿

男士的基本站姿是：身体立直，挺胸抬头、下颌微收、双目平视、两膝并严，脚跟靠紧，脚掌分开呈V字形，挺髋立腰，吸腹收臀，双手置于身体两侧自然下垂。或者两腿分开，两脚平行，不能超过肩宽，双手在身后交叉，右手搭在左手上，贴在臀部。

女士站立时，双脚呈V字形，双膝和两个脚后跟尽量靠拢；或者一只脚略前，一只脚略后，前脚的脚后跟稍稍向后脚的脚背靠拢，后腿的膝盖向前腿靠拢。这些站姿是规范的，但要避免僵直硬化，肌肉不能太紧张，可以适宜地变换姿态，追求动感美。

为了维持较长时间的站立或稍事休息，标准站姿的脚姿可作以下变化：

1. 两脚分开，两脚外沿宽度以不超过肩的宽度为宜。

2. 以一只脚为重心支撑站立，另一只脚稍加休息，然后轮换。

三、不同情况下的站姿

1. 在升国旗、奏国歌、接受奖品、接受接见、听悼词等庄严的仪式场合，应采取“肃立”（肃立：身体直立，双手置于身体两侧，双腿自然并拢，脚跟靠紧，脚掌分开呈V字形。）的姿势。“肃立”类似标准站立姿态，但神情严肃，不可乱动弹。目光可随特定的物、人慢慢移动，如国旗、颁奖人。

2. 演讲时，销售时，为了减少身体对腿的压力，减轻由于较长时间站立双腿的疲倦，可以用双手支撑在讲台上或柜台上，两腿轮流放松。

3. 主持公关性质的文艺活动时，为了使站立姿势更优美，可以将双腿并得很拢站立，甚至站成丁字步，女性站“丁字步”时，上体前倾，臂微上翘，腰背挺直，双腿叠合，亭亭玉立，富于女性魅力。

4. 门迎、侍应人员往往站的时间很长，双腿可以平分站立。手的姿势可以是前握式，右手握住左手手背，垂放于腹前并稍微上提，注意肩膀向后打开，保持良好的精神状态；也可以是手背式，两手背后交叉，右手放到左手的掌心上，但要注意收腹，否则肚子很容易挺出来。

5. 礼仪小姐的站立，要比门迎、侍应更趋向艺术化，双腿不能分开站，这样的姿态欠美。一般可以采用立正的姿势或者丁字步。这时“丁字步”的重心不一定在放在前面的左脚上，而可以同时放在左右腿上，还要始终保持双肩后开。双手端执物品时，上手臂不应张开，而应靠近身体两侧，但不必夹紧。下颌微收，面部肌肉松弛，略含微笑，总之应给人优美亲切的感觉。

第四节 行走姿势

一、走姿的基本要领

走路的动作口诀是：双眼平视臂放松，以胸领动肩轴摆，收髋提膝小腿迈，跟落掌接趾推送。上身基本保持站立的标准姿势，挺胸收腹，腰背笔直；两臂以身体为中心，前后自然摆动。前摆约35°，后摆约15°，手掌朝向体内；起步时身子稍向前倾，重心落在前脚掌上，膝盖伸直；脚尖向正前方伸出，行走时双脚踩在一条线缘上。鞋跟不要发出太大声响。女生上半身不要过于晃动，步幅适当，一般应该是前脚的脚后跟与后脚的脚后跟相距一脚长。跨出的步子应是全脚掌着地，膝和脚腕不僵直，行走足迹在一条直线上。行步速度，一般是男士每分钟108~110步，女士每分钟118~120步。

行走时，男士不要左右晃肩。尽量不要低头看地面，那样容易使人们感觉你要从地上捡起什么东西。女士髋部不要左右摆动，着高跟鞋应注意保持身体平衡，以免摔跤。男女两人同行，女士步幅较小，男士步幅较大，男士应适当调整步幅，尽量与女士同步行走。行走时，不要左顾右盼，左摇右摆，大甩手，也不要弯腰驼背、歪肩晃膀，步履蹒跚，不要双腿过于弯曲，走路不成直线，更不要走“内八字”或“外八字”。

二、变向行姿

变向行姿是指在行走中，需转身改变方向时，注意身体先转，头随后转，并同时向他人告别、祝愿、提醒、寒暄等时的行走姿态。

后退步：与人告别时，不能扭头就走。应先向后退三步，再转体离去。退步时脚轻擦地面，不要高抬小腿，后退步幅要小。转体时要身先转，头稍后一些转。

引导步：引导步是用于走在前边给宾客带路的步态。引宾时，要尽量走在宾客的左侧前方，整个身体半转向宾客方向，左肩稍前，右肩稍后，与宾客保持两三步的距离。遇到上下楼梯、拐弯、进门时，要伸出左手示意，提示客人先上等。

前行转身步：在前行中要拐弯时，要在距所转方向远侧的一脚落地后，立即以该脚掌为轴，转过全身，然后迈出另一脚。向左拐时，要右脚在前时转身，向右拐时，要左脚在前时转身。

三、不同着装的走姿

所穿服饰不同，步态应有所区别。一般地讲，直线条服装具有舒展、庄重、大方、矫健的特点，而以曲线条为主的服装则显得妩媚、柔美、优雅、飘逸。走姿要展现服装的特点。

穿西装的走姿：西服以直线为主，应当走出穿着者的挺拔、优雅的风度。穿西装时，后背保持平正，两脚立直，走路的步幅可略大些，手臂放松伸直摆动，手势简洁大方。行走时男士不要晃动，女士不要左右摆髋。

穿旗袍的走姿：行走时，要求女士身体挺拔，胸微含，下颌微收，不要塌腰撅臀。走路时，步幅不宜过大，以免旗袍开衩过大，露出皮肉。两脚跟前后要走在一条线上，脚尖略微外开，两手臂在体侧自然摆动，幅度也不宜过大。站立时，双手可交叉于腹前。

穿裙装的走姿：穿着长裙显出女性身材的修长和飘逸美。行走时要平稳，步幅可稍大些。转动时，要注意头和身体相协调，调整头、胸、髋三轴的角度。穿着短裙，要表现轻盈、敏捷、活泼、洒脱的风度，步幅不宜过大，但脚步频率可以稍快些，保持轻快灵巧的风格。

穿高跟鞋的走姿：女士在正式社交场合经常穿着黑色高跟鞋，行走要保持身体平衡。具体做法是：直膝立腰、收腹收臀、挺胸抬头；膝关节不要前曲，臀部不要向后撅。一定要把踝关节、膝关节、髋关节挺直，行走时步幅不宜过大。穿高跟鞋，走路时鞋底经常发出声音，这种声音在任何场合都是不文雅的，容易干扰他人，特别是在正式的场合，以及人较多的地方，尤其注意不要在走路时发出太大的声响。在行进过程中，如果有物品遗落地上，不要马上弯腰拾起。正确的姿势是：首先绕到遗落物品的旁边，蹲下身体然后单手将物品捡起来，这样可以避免正面领口暴露或裙摆打开等不雅观的情况出现。

四、公关人员应避免的走姿

1. 肚子腆起，身体后仰；
2. 脚尖出去方向不正，呈明显的外八字脚或内八字脚；
3. 两脚不落在一根线缘上，明显地叉开双脚走。
4. 脚迈大跨步，身子上下摆动，像鸭子一样；
5. 双手左右横着摆动，像小学生走“一二一”；
6. 手臂、腿部僵直或身子死板僵硬；
7. 只摆动小臂；
8. 脚步拖泥带水，蹭着地走；
9. 耷拉眼皮或低着头走；
10. 在正式场合，手插在口袋、双臂相抱、倒背双手；
11. 不因场地而及时调整脚步的轻重缓急，把地板踩得“咚咚”响。

五、不同情况下的走姿

1. 参加喜庆活动，步态应轻盈、欢快、有跳跃感，以反映喜悦的心情；
2. 参加吊丧活动，步态要缓慢、沉重、有忧伤感，以反映悲哀的情绪；
3. 参观展览、探望病人，环境静谧，不宜出声响，脚步应轻而柔；
4. 进入办公机关、拜访他人，在室内这种特殊场所，脚步应轻而稳；
5. 走进会场、走向话筒、迎向宾客，步伐要稳健、大方，充满热情；

6. 办事联络，往来于有关系的部门之间，步伐要快捷、稳重，以体现办事者的效率、干练；

7. 不同的性别，可以通过不同的走姿体现不同的美和风范。公关男士的步伐，可以刚健有力、稳重豪迈，表现出男士坚定、刚毅、洒脱、气势磅礴的阳刚美；公关女士的步伐，可以轻盈、飘逸，体现出女子柔情、恬静、娴淑、娇巧的阴柔美。

第五节 坐姿

一、坐姿的基本要领

1. 入座

以轻盈和缓的步履，从容自如地走到座位前，不要赶步，以免给人以“抢座”感，走到座位前，自然转身，轻轻拉出座椅，不发出嘈杂的声音，右脚向后撤半步，然后转身轻而稳地落座，并将右脚与左脚并排自然摆放。女士入座时，若着裙装，应用手将裙稍微拢一下，不要等坐下后，再重新站起来整理衣裙。男士则应将西服扣打开。

2. 坐下后

上体保持站姿的基本姿势，头正目平，嘴微闭，面带微笑、双膝并拢，两脚平行，鞋尖方向一致，做到两腿自然弯曲，小腿与地面基本垂直。双脚可正放或侧放，并拢或交叠。身体重心垂直向下，腰部挺起，上体保持正直，头部保持平稳，两眼平视前方或交谈对象，下颌微收，双掌自然地放在膝头或者坐椅的扶手上。腰背稍靠椅背，在正式场合，或有位尊者在座，不能坐满座位，一般只占座位的2/3。两脚平落地面，两膝间的距离，男子以松开一拳或二拳为宜，女子则不松开为好。非正式场合，允许坐定后双腿叠放或斜放，交叉叠放时，力求做到膝部以上并拢。如坐在有扶手的沙发时，男士可将双手分别搭在扶手上，而女士最好只搭一边，倚在扶手上，以显得高雅。

起来时，右脚应向后收半步而后站起，动作不要迅猛。用小腿的力量将身体支起，并保持上身的直立状态。离座后先采用基本站姿，站好再走。

3. 男士的基本坐姿

上体挺直，下颌微收，双目平视，两腿分开，不超肩宽，两脚平行，两手分别放在双膝上。坐在椅面的三分之二处，与人交谈，身体前倾，头不可倾后，脚不可伸前，可以交叠双腿，一般是右腿架在左腿上，但腿脚不能不停地晃动。男士坐在沙发上时，千万记住整个身体不要往内靠，这样会给人一种精神不振的感觉。就坐时，姿势应端正，态度安详。除非是很休闲的场合，否则不宜跷腿，也勿以手敲拍桌椅。

4. 女士的基本坐姿

女士坐在椅子上，只可坐满椅子的三分之二。入座应尽量向前，背部一般不要靠在椅背上，可以将随身携带的物品如手提袋或衣物等东西，放在身体和椅背之间。女士坐下时膝盖不应分开，小腿也要合拢，小腿可以放置在椅子正中间，也可以并拢平行斜放一侧或两腿并拢两脚交叉，置于一侧（主持会议的女性坐姿应该是双腿并拢，双脚的脚踝部位先行交叉，然后略向左或右斜放，给人的感觉是大方自然）。但是上半身一定要面对正前方，两手可交叉轻握放在腿上。如果双腿斜放左侧，手就放在右侧，相反如果双腿斜放在右侧，那手就放在左侧。

不同场合的女性可能要换用不同的坐姿，但是基本原则是背部挺直，膝盖并拢，双手呈交叉的八字形放在身体的侧面或中间都行，上身必须正对前方，目光凝视客人，保持优雅的微笑，这样才能具有高雅的形象。标准姿势坐久了，可能会感到疲劳，这时可以换成二郎腿的姿势，但是如果有重要贵宾在场，则应该避免。但是在一般场合或在场的客人为比较熟悉或比较亲近之人，也可以偶尔为之。

二、坐姿的禁忌

男士和女士在就坐时，双手不要叉腰或交叉在胸前，不要摆弄手中的茶杯或将手中的东西不停地晃动，不要不时地拉衣服，整头发或抠鼻子、掏耳朵等。

无论采取哪种坐姿，关键要做到自然、美观、大方，切不可僵死、生硬。避免一些不雅的坐姿，如跷二郎腿时悬空的脚尖朝天并抖动，两腿直挺挺地伸向前方或双手抱在腿上，前俯后仰、东倒西歪等。

三、不同情况下的坐姿

1. 谈话、谈判、会谈时，场合一般比较严肃、适合正襟危坐。要求上体正直，臀尖落座在椅子的中部，双手放在桌上、腿上或将一只手放在椅扶上均可。脚可以并着放，也可以并膝稍分小腿或并膝小腿前后相错、左右相掖。

2. 倾听他人教导、指示、传授、指点时，对方若是长者、尊者、贵客，坐姿除了要端正外，还应坐在椅座的前半部或边缘，身体稍向前倾，表现出一种积极、迎合、重视的态度。

3. 公关女士在社交场合，为了使坐姿更优美，可以采用略侧向的坐法，头和身子朝向对方，双膝并拢，两脚相并、相掖、一前一后均可。在落座时，应把裙子向腿下理好、掖好，以免不雅。

4. 在比较轻松、随便的场合，可以坐得比较舒展、自由。舒展，以不感到自己在坐为度；自由，可以经常变换坐姿，得到休息。公关女士上、下的士的举止动作方面也是有讲究的。

5. 通常人们上的士的习惯做法是，头先伸进去或脚先伸进去，把腿留在外面，让它最后进来。而公关女士的最理想的上的士动作，应该是先将臀部坐在的士座位边上，再将双脚抽进的士中，然后再在座位上挪动位置，调整到合适的位置上。

6. 下的士的习惯也有几种，如先将头伸出车外，而后单足踏出地面；将臀部高高翘起而下车；完全放松地将双足张开下车。这几种情况，虽司空见惯，习以为常，但作为公关女士，不如先在车内将臀部移至的士座位边缘的位置，然后，双足并在一起伸至地面，上身再出车门，这样显得更为优雅得体。

四、与人交往时坐姿的含义

1. 正襟危坐，上身紧张起来的姿势是严肃、认真的表现；

2. 深深坐入椅内，腰板挺直的人在心理上处于优势；

3. 抖动足或腿，是在传达内心的不安、急躁；

4. 适度张开两腿而坐的男性，充满自信，具有支配性性格；

5. 一条腿自然地架在另一条腿上的女性，表示对自己的外貌有信心；而频频变换架腿姿势，是情绪不稳定的焦躁的表现；

6. 把脚搁在桌子上，以此延伸自己的势力范围，表明此人有较强的支配欲和占有欲，在接人待物时会有傲慢无礼的表现；

7. 有教养的女性用脚踝交叉的动作代替架腿而坐，这种姿势不仅外观优美，而且传达的拒绝含义也比较委婉。

8. 始终浅坐在椅子上的人流露出心理上的劣势和缺乏精神上的安定感，迎合对方或随时准备起身。

9. 在会场中或公开场合，坐着时手捂嘴、掩嘴、摸下巴，常会被认为是以“评判”的态度在听对方发言。

第六节 蹲姿

在日常生活中，人们对掉在地上的东西，一般是习惯弯腰将其拾起，而从仪态美的角度看，这是很不雅观的。不难想象，一位衣冠楚楚的先生或女士，在众目睽睽之下，猫腰撅臀去拾东西，即使是两腿展开，平衡下蹲也是不美的。那么怎样蹲才优美呢？

高低式蹲姿

下蹲时左脚在前，右脚稍后，不重叠，两腿靠紧向下蹲；左脚踏实，小腿基本垂直于地面，右脚跟提起，脚掌着地。右膝低于左膝，形成左膝高右膝低的姿态，臀部向下。

交叉式蹲姿

下蹲时右脚在前，左脚在后，右小腿垂直于地面，全脚着地。左膝由后面伸向右侧，左脚跟抬起，脚掌着地。两腿夹紧，合力支撑身体。臀部向下，上身稍前倾。

女士无论是采用哪种蹲姿，都要切记将两腿靠紧，臀部向下，而男士可选用第一种姿态，两腿之间可有适当距离。

注意事项

蹲的时候，速度勿过快，下蹲时与人保持一定的距离，在他人身边下蹲时，最好与之侧身相向。正对或背对都是不礼貌的，尤其是身着裙装的女性，一定要避免个人隐私暴露在外。

第七节 手势

手是人体态语中最重要的传播媒介，招手、挥手、握手、摆手等都表示着不同的意义。人在紧张、兴奋、焦急时，手都会有意无意地表现着。作为仪态的重要组成部分，手势应该得到正确地使用。手势也是人们交往时不可缺少的动作，是最有表现力的一种“体态语言”。

掌握正确的手势礼仪，首先要求我们在使用手势礼仪时务必注意以下事项：

1. 在交往中，为了增强说话者的语言感染力，一般可考虑使用一定的手势，但要切记手势不宜过多，动作不宜过大，切忌“指手画脚”和“手舞足蹈”。

2. 打招呼、致意、告别、欢呼、鼓掌属于手势范围，应该注意其力度的大小、速度的快慢、时间的长短，不可过度。鼓掌是表示欢迎、祝贺、赞许、致谢等的礼貌举止。在正式社交场合，观看文艺演出、重要人物出现、听报告、听演讲等都用热烈的掌声表示钦佩、祝贺。鼓掌的标准动作应该是用右手掌轻拍左手掌的掌心，鼓掌时不应戴手套，宜自然，切忌为了使掌声大而使劲鼓掌，应自然终止。鼓掌要热烈，但不要“忘形”，一旦忘形，鼓掌的意义就发生了质的变化而成“喝倒彩”、“鼓倒掌”，有起哄之嫌，这样是失礼的。注意鼓掌尽量不要用语言配合，那是无修养的表现。

3. 在任何情况下都不要用大拇指指自己的鼻尖和用手指指点他人。谈到自己时应用手掌轻按自己的左胸，那样会显得端庄、大方、可信。用手指指点他人的手势是不礼貌的。

4. 一般认为，掌心向上的手势有诚恳、尊重他人的含义；掌心向下的手势意味着不够坦率、缺乏诚意等；攥紧拳头暗示进攻和自卫，也表示愤怒；伸出手指来指点，是要引起他人的注意，含有教训人的意味。因此，在介绍某人、为某人引路指示方向、请人做某事时，应该掌心向上，以肘关节为轴，上身稍向前倾，以示尊敬。这种手势被认为是诚恳、恭敬、有礼貌的。

5. 有些手势在使用时应注意区域和各国不同的习惯，不可以乱用。因为各地习俗迥异，相同的手势表达的意思，不仅有所不同，而且有的大相径庭。如在某些国家认为竖起大拇指、其余四指蜷曲表示称赞夸奖，但澳大利亚则认为竖起大拇指，尤其是横向伸出大拇指是一种侮辱；英国人跷起大拇指是拦车要求搭车的意思。用大拇指和食指构成一个圆圈，其他三指伸直，就是“OK”的手势，这一手势在欧洲表示赞扬和允诺的意思，特别在青年学生中广为流行。然而在法国南部、希腊、撒丁岛等地，它的意思恰好相反，在巴西，人们打这个手势表示的是“肛门”。阿拉伯人用两个小手指拉在一起表示断交，吉卜赛人掸去肩上的尘土表示：“你快滚开”。由此不难看出，每种文化都有自己的“手势语言”，千姿百态的手势语言，饱含着人类无比丰富的情感。它虽然不像有声语言那样实用，但在人际交往中能起到有声语言无法替代的作用。相反，当我们忽视手势礼仪的正确使用时，在日常生活中某些不雅的行为举止常常会令人极为反感，严重影响交际风度和自我形象，应特别注意避免。如当众搔头皮、掏耳朵、抠鼻孔、剔牙、咬指甲、剜眼屎、搓泥垢等，餐桌上更应注意避免这些不雅行为。

由此可见，手是体态语言中最重要的传播媒介。我们不必每一句话都配上手势，因手势做得太多，会使人觉得不自然。可是在重要的地方，配上适当的手势，就会吸引人们的注意。不自然的手势，会招致许多人的反感，造成交际的障碍；优美动人的手势常常令人心中充满惊喜；柔和温暖的手势会令人心中充满感激；坚决果断的手势，好像具有千钧之力。有的手势令人深刻地感到人们的热情和欢喜，有的手势却能使人轻率得像个阿飞；有的手势漫不经心，有的手势使人觉得他洋洋自得；有的手势告诉你他非常忙，正要赶着去办一件紧急的事情；有的手势又告诉你，他有要紧的事情要和你谈，请你等一等。在让座、握手、传递物件、表示默契及谈话进行中手势有时成为谈话的一部分，可以加强语言的力量，丰富语言的色调，可以说，有时候手势也能成为一种独立且有效的语言。

第八节 握手

握手，是交际的一个部分。握手的力量，姿势与时间的长短往往能够表达出对对方的不同礼遇与态度，显露自己的个性，给人留下不同印象。人们也可通过握手了解对方的个性，从而赢得交际的主动。美国著名盲聋女作家海伦·凯勒说：“我接触的手有能拒人千里之外的；也有些人的手充满阳光，你会感到很温暖。”

一、握手的要求

通常，和人初次见面、熟人久别重逢、告辞或送行都可以握手表示自己的善意，这也是最常见的。有些特殊场合，如向人表示祝贺、感谢或慰问时；双方交谈中出现了令人满意的共同点时；或双方原先的矛盾出现了某种良好的转机或彻底和解时，习惯上也以握手为礼。

握手时，距对方约一步远，上身稍向前倾，两足立正，伸出右手，四指并拢，虎口相交，拇指张开下滑，与受礼者握手。

掌心向下握住对方的手，显示着一个人强烈的支配欲，无声地告诉别人，他此时处于高人一等的地位。应尽量避免这种傲慢无礼的握手方式。相反，掌心向上握手显示出一个人的谦卑和毕恭毕敬。平等而自然的握手姿态是两手的手掌都处于垂直状态，这是一种最普通也最稳妥的握手方式。

戴着手套握手是失礼行为。男士在握手前应先脱下手套，摘下帽子；女士可以例外。当然，在严寒的室外也可以不脱。如双方都戴着手套、帽子，这时一般也应先说声：“对不起”。握手时双方互相注视，微笑，问候，致意，不要看第三者或显得心不在焉。

握手时两手一碰就分开，时间过短，好像在走过场，又像是对对方怀有戒意。而时间过久，特别是拉住异性或初次见面者的手长久不放，又显得有些虚情假意，甚至会被怀疑为“想占便宜”。

所以，除了关系亲近的人可以长久地把手握在一起外，一般握两三下就行。不要太用力，但漫不经心地用手指尖“蜻蜓点水”式地握一下也是无礼的。一般要将时间控制在3~5秒钟以内。如果要表示自己的真诚和热烈，也可较长时间握手，并上下摇晃几下。

在公务场合，握手时伸手的先后次序主要取决于职位、身份。而在社交、休闲场合，它主要取决于年龄、性别、婚否。

长辈和晚辈之间，长辈伸手后，晚辈才能伸手相握，上下级之间，上级伸手后，下级才能接握；男女之间，女方伸手后，男方才能伸手相握；当然，如果男方为长者，遵照前面说的方法。

如果需要和多人握手，握手时要讲究先后次序，由尊而卑，即先年长者后年幼者，先长辈再晚辈，先老师后学生，先女士后男士，先已婚者后未婚者，先上级后下级。

交际时如果人数较多，可以只跟相近的几个人握手，向其他人点头示意，或微微鞠躬就行。为了避免尴尬场面发生，在主动和人握手之前，应想一想自己是否受对方欢迎，如果已经察觉对方没有要握手的意思，点头致意或微鞠躬就行了。

在接待来访者时，这一问题变得特殊一些：当客人抵达时，应由主人首先伸出手来与客人相握。而在客人告辞时，就应由客人首先伸出手来与主人相握。前者是表示“欢迎”，后者就表示“再见”。

应当强调的是，上述握手时的先后次序不必处处苛求于人。如果自己是尊者或长者、上级，而位卑者、年轻者或下级抢先伸手时，最得体的就是立即伸出自己的手，进行配合，而不要置之不理，使对方尴尬。

握手的时候，不妨说一些问候的话，语气应直接而且肯定，并在加强重要字眼时，紧握着对方的手，来加强对方对你的印象。

二、应当握手的场合

我们在以下场合都可以握手的形式表达礼貌：

1. 遇到较长时间没见面的熟人；
2. 在比较正式的场合和认识的人道别；
3. 在以本人作为东道主的社交场合，迎接或送别来访者时；
4. 拜访他人后，在辞行的时候；
5. 被介绍给不认识的人时或在社交场合，偶然遇上亲朋故旧或上司的时候；
6. 别人给予你一定的支持、鼓励或帮助时以及表示感谢、恭喜、祝贺时；
7. 对别人表示理解、支持、肯定时；
8. 得知别人患病、失恋、失业、降职或遭受其他挫折时；
9. 向别人赠送礼品或颁发奖品时。

通常，上述所列举的情况都是适合握手的场合。

三、握手的八禁忌

我们在行握手礼时应努力做到合乎规范，避免违犯下述失礼的禁忌：

1. 不要用左手与人握手，尤其是和阿拉伯人、印度人打交道时要牢记，因为在他们看来左手是不洁的。
2. 在和基督教信徒交往时，要避免两人握手时与另外两人相握的手形成交叉状，这种形状类似十字架，在他们眼里这是很不吉利的。
3. 不要在握手时戴着手套或墨镜，只有女士在社交场合戴着薄纱手套握手，才是被允许的。
4. 握手时另外一只手不要插在衣袋里或拿着东西。
5. 不要在握手时面无表情、不置一词或长篇大论、点头哈腰，过分客套。
6. 不要在握手时仅仅握住对方的手指尖，好像有意与对方保持距离。正确的做法是握住整个手掌。即使对异性，也可以这么做。
7. 不要在握手时把对方的手拉过来、推过去，或者上下左右地抖。
8. 不要拒绝和别人握手，即使有手疾或汗湿、弄脏了，也要和对方说一下“对不起，我的手现在不方便”，以免造成不必要的误会。

第九节 拥抱、鞠躬、拱手（作揖）

一、拥抱礼

所谓拥抱礼，一般指的是交往双方互相以自己的双手揽住对方的上身，借以向对方致意。在中国，人们对此不甚习惯，而在国际社会中，它却得到广泛的运用。对于拥抱礼，主要应注意下述四点：

1. 具体做法

拥抱礼最常见的做法是：两人走近之后，先各自抬起右臂，把右手搭在对方左肩上，随后左右侧拥抱，最后再向对方的左侧拥抱。

2. 具体区域

一般来讲，拥抱礼在西方国家广为流行。在中东欧、阿拉伯各国、大洋洲各国、非洲与拉丁美洲的许多国家里，拥抱礼也颇为常见。但是在东亚、东南亚国家里，人们基本不用拥抱礼。

3. 具体场合

在庆典、仪式、迎送等较为隆重的场合，拥抱礼最为多见，在政务活动中尤为如此。在私人性质的社交、休闲场合，拥抱礼则可用可不用。在某些特殊的场合，诸如谈判、检阅、授勋等，人们则大都不使用拥抱礼。

4. 具体人员

在欧洲、美洲、澳洲诸国，男女老幼之间均可采用拥抱礼。而在亚洲、非洲的绝大多数国家里，尤其是在阿拉伯国家，拥抱礼仅适用于同性之人，与异性在大庭广众之下进行拥抱，是绝对禁止的。

二、鞠躬礼

鞠躬即弯身行礼，源于中国的商代，是一种古老而文明的对他人表示尊敬的郑重礼节。它既适用于庄严肃穆或喜庆欢乐的仪式，又适用于普通的社交和商务活动场合。鞠躬礼分为两种，一种是三鞠躬。敬礼之前，应脱帽或摘下围巾，身体肃立，目光平视，身体上部向前下弯约90°，然后恢复原样，如此连续三次。另一种是深鞠一躬（15°~90°），几乎适用于一切社交和商务活动场合，在初见的朋友、同志、宾主之间以及下级对上级、晚辈对长辈，为了表达对对方的尊重，都可以行鞠躬礼。施鞠躬礼时，应立正站好，保持身体端正，面对受礼者，距离约二三步远，以腰部为轴，整个腰及肩部向前倾15°~90°（具体的前倾幅度视行礼者对受礼者的尊敬程度而定），目光向下，同时问候“您好”、“早上好”、“欢迎光临”等，双手应在上体前倾时自然下垂平放膝前或体侧，面带微笑，而后恢复立正姿势，并双眼礼貌地注视对方。施鞠躬礼前，应先将帽子摘下再施礼。施礼时，目光不得斜视和环顾，不得嘻嘻哈哈，口里不得叼烟卷或吃东西，动作不能过快，要稳重、端庄，并带有对对方的崇敬感情。通常，受礼者应以与施礼者的上体前倾度大致相同的鞠躬还礼。但是，上级或长者还礼时，不必以鞠躬还礼，可以欠身点头或握手答礼。鞠躬礼在东亚国家流行甚广，尤其是朝鲜、韩国，特别是在日本盛行。

三、拱手礼

拱手礼也叫作揖礼。这个礼节既能表达对人的感谢和尊敬，也是中华民族传统的见面礼仪，有着浓浓的中国特色和人情味。拱手礼已经有两三千年的历史了，从西周起就开始在同辈人见面、交往时采用了。古人通过程式化的礼仪，以自谦的方式表达对他人的敬意。中国古代人是讲究以人和人之间的距离来表现出“敬”的，而不像西方人那样喜欢身体亲近。这种距离不仅散发着典雅气息，而且也比较符合现代卫生要求。所以很多礼学专家都认为，拱手礼不仅是最体现中国人文精神的见面礼节，而且也是最恰当的一种交往礼仪。当代西方人对中国的拱手礼也有一定的认识，甚至有很多人也乐于运用这种施礼方式，如葛优曾说，他曾有幸和马龙·白兰度就餐，当时这位国际巨星和他一见面就先行了个拱手礼。

拱手礼常见的有两手相抱（左手抱右手，寓意为扬善隐恶，因为古人以左手为善，右手为恶），举胸前，立而不俯。另外，有一种抱拳手式，以左手大拇指插入右手虎口内，掐右手子纹（即无名指根部），右手大拇指屈于左手大拇指下，掐住午纹(即中指上纹)，外呈“太极图”形，内掐“子午诀”。这种抱拳形式多用于打坐时，其寓意为“抱元守一”。通常行拱手礼时，只需自然抱拳即可，也叫抱拳礼。

其实，所谓礼仪在古代都是经过一些表示不会伤害对方的仪式发展而来的，例如，握手之所以必须右手握，是用以表示“我右手里没有武器”，抱拳、作揖也是出于类似的原因。

图书在版编目(CIP)数据

形体训练教程／彭延春，常蕾编著. —北京：中国轻工业出版社，2024.9

人物形象设计训练教程

ISBN 978-7-5019-7820-5

Ⅰ. ①形… Ⅱ. ①彭… ②常… Ⅲ. ①形体训练教程—教材 Ⅳ. ①G831.3

中国版本图书馆CIP数据核字（2010）第164146号

责任编辑：毛旭林　　责任终审：张乃柬
装帧设计：印象・迪赛　　责任监印：张京华

出版发行：中国轻工业出版社（北京鲁谷东街5号，邮编：100040）
印　　刷：艺堂印刷（天津）有限公司
经　　销：各地新华书店
版　　次：2024年9月第1版第11次印刷
开　　本：889×1194　1/16　印张：7.5
字　　数：156千字
书　　号：ISBN 978-7-5019-7820-5　定价：39.00元
邮购电话：010-85119873
发行电话：010-85119832　010-85119912
网　　址：http://www.chlip.com.cn
Email：club@chlip.com.cn

KG1472-070651